素描齊白石

淡墨簡筆有深意
華刀破石味無窮
一目了然皆齊璜
可學可貴小可仿

辛卯春
李嵐清

"百年巨匠"素描／李嵐清 绘

百年巨匠
Century Masters

齐白石

人邻 ◎ 著

文物出版社

图书在版编目（ＣＩＰ）数据

齐白石 / 人邻著. —— 北京 ：文物出版社，2018.1
（百年巨匠）
ISBN 978-7-5010-5502-9

Ⅰ．①齐… Ⅱ．①人… Ⅲ．①齐白石（1864-1957）
－传记 Ⅳ．①K825.72

中国版本图书馆CIP数据核字(2017)第294718号

百年巨匠·齐白石

著　者　人　邻

总 策 划　刘铁巍　杨京岛
责任编辑　张朔婷　周燕林
封面设计　子　旆
责任印制　张道奇
责任校对　李　薇

出版发行　文物出版社
社　　址　北京市东直门内北小街2号楼
网　　址　http://www.wenwu.com
邮　　箱　web@wenwu.com
制版印刷　北京图文天地制版印刷有限公司
经　　销　新华书店
开　　本　710×1000　1/16
印　　张　13.5
版　　次　2018年1月第1版
印　　次　2018年1月第1次印刷
书　　号　ISBN 978-7-5010-5502-9
定　　价　49.80元

宣传巨匠推广大师 为时代树立标杆

文化部原部长 《百年巨匠》总顾问

　　文化精品创作工程包括重大出版工程、影视精品工程。《百年巨匠》就是跨界融合的一个重大文化工程，它深具创意，立意高远，选题准确、全面，极富特色，内容精彩纷呈，内涵博大精深，基本涵盖了我国20世纪这一特定历史时期在文学艺术方面的成就及其代表人物。它讲述的不仅仅是各位巨匠的传奇人生，更是他们的文学艺术成就同民族、国家，同历史、文化，同当代世界，同20世纪风云激荡的年代，以及同人民的命运都是紧密相连的。他们的成就对整个社会产生了重要而深远的影响。因此，立足21世纪的当今，系统全面科学解读巨匠人生与大师艺术，有着特殊而积极的意义，是社会和时代的要求。

　　作为一个有影响力的文化品牌，《百年巨匠》的表现形式也是多样的。《百年巨匠》丛书和纪录片互动互补，是出版界与影视界的跨界合作与融合发展，形成了叠加影响和联动效应，进一步丰富和扩大了品牌的内涵和外延。在信息社会"四屏"时代，用这样的一种方式来表达重大深刻的主题，具有重大的创新意义，是对中华优秀文化传承发展进行创造性转化、创新性发展的成功探索。体现出强烈的历史感、时代性、民族性，具有鲜明的中国特色，必将产生深远的影响。

一个民族自立于世界民族之林，离不开民族的自信心与自尊心。而民族的自信心和自尊心有其思想基础和人文轨迹，即对民族文化的重要代表人物和优秀传统应当有比较全面的了解并进行广泛传播。一个国家的历史需要记录，文化艺术同样如此。《百年巨匠》丛书秉承文献性、真实性、生动性原则，客观还原大师原貌，以更为宏阔的历史维度对大师们所经历的时代给予不同视角的再现和解读，为读者开启一扇连接 20 世纪中国近现代文化艺术史的大门。

巨匠们的艺术成就、人生经历、精神高度，彰显了中华民族文化在这个时代所能达到的高度，不仅有文学艺术上和文化史上的价值，而且有人文思想美学上的划时代性贡献。《百年巨匠》可以增强我们的文化自信和实现中华民族伟大复兴的意志。

《百年巨匠》还有一个重要意义，它能够激励我们后来人砥砺奋进，勇攀高峰。这些文化艺术巨匠有着深厚的爱国情怀和强烈的民族责任感，他们将个人荣辱兴衰与国家、民族命运联系起来，用文化艺术去改变现实，实现理想。在新旧道德剧烈冲撞中，他们所表现出来的高风亮节是后来人的楷模。他们所传导出的强大正能量，会激励一代又一代广大读者，对促进我们整个民族新一代的教育与成长，有着非常重要的启迪意义。他们的精神是引领和鼓舞我们再出发的航标与风帆。

《百年巨匠》也给了我们很多的启示，可以帮助我们回答和破解"钱学森之问"。20 世纪产生了那么多的大师，新世纪、新时期我们应该如何助推产生出新的大师？这些巨匠的成长轨迹给我们揭示了大师们成长的规律，如要深具家国情怀，要胸怀高远理想；要深深扎根于人民，与人民同呼吸共命运；既继承民族优秀传统文化，又要勇于创新；并以非常包容的心态去拥抱一切文明成果等。

《百年巨匠》仅反映了20世纪百年的文化形态和人文生态，我们应该把这个事业延续下去，面向21世纪。对艺术大师的发掘是通过他们的作品来体现的，而他们的作品既是中华文化的传承，又进一步丰富、创新了中华文化的构成。从这个意义上讲，宣传这些艺术巨匠就是弘扬中华文化。这些艺术巨匠作为中国名片，拥有较强的国际影响力，这一工程的推进，可以有效推动中华文化和中国出版走出去。不仅仅局限于艺术领域，还可以从广度上、外延上扩大至整个文化领域，甚至把科技、教育等领域的巨匠们也挖掘展示出来。

一个国家文化事业的繁荣与发展，既需要广大艺术家的努力，也需要大师巨匠的引领。宣传巨匠，推广大师，为时代树立标杆，无疑是我们责无旁贷的历史责任。巨匠之所以是巨匠，大师之所以能成为大师，是因为他们以具有强烈时代感和创新精神的作品站在了巅峰。而他们巨作的背后，是令人钦佩的工匠精神，这种工匠精神的发掘和弘扬在当下具有重要的现实意义。同时，这百年的文学艺术史已有的众多成果，从学术上也要系统总结。而长期以来一直困扰我们的一大难题，就是如何把这些重要的学术研究成果进行转化和再创造，使之成为可被大众接受、雅俗共赏的精品佳作。从这个意义上讲，《百年巨匠》丛书的出版也是非常值得赞许的。

当前，我们的文化艺术事业虽然取得了长足的进步，但是相对于时代的重任，人民的厚望，尚有作品趋势跟风、原创性匮乏、模仿严重等问题，希冀大家在《百年巨匠》作品中得到更多的启迪和感悟。

我们国家正处在重要的历史时期，为我们文艺创作提供了丰沃的土壤和广阔的空间。中华民族的伟大复兴，呼唤一切有为的文艺工作者，为繁荣中国特色社会主义文化、建设社会主义文化强国，奉献毕生的才华和创作热情，将高度的社会责任感和历史使命感化作文艺创作的巨大动力，创作出无愧于时代、无愧于祖国和人民的优秀文艺作品，让我们这个时代的文艺创作异彩纷呈，光耀世界。

目　录

引　言

　　伢子伢，钓嘎麻，嘎麻一蹦；钓蚱蜢，蚱蜢一飞；钓乌龟，乌龟一爬，快些喊牙！

　　一个世纪以前，湖南湘潭怎么也不会有人想到这个唱着童谣、蹦蹦跳跳的叫阿芝的乡下伢子有一天会成为一代艺术巨匠。

　　中央电视台大型系列电视纪录片《百年巨匠》正式开拍。齐白石是选定的四十三位艺术巨匠之一。

　　我还记得小时候，齐白石的虾、鱼、鸡雏、菊花、紫藤、寿桃等，这些画的复制品成为老百姓家里最喜欢张贴的画作，甚至印在了所有能印的地方——茶盘、茶杯、暖瓶、毛巾、手帕和玩具上，总量应该超过十数亿件。全世界可能没有第二个艺术家拥有这样的殊荣。那些画，似乎是活生生地生长在那里，让人可以觉出那些鱼虾的畅游，叫人觉出花卉的馨香，嗅到寿桃的蜜甜，觉出那些生满了树木流淌着河水溪水的山水的湿润葳蕤。那个时候见到这样气息温暖亲切的画，叫人觉得这个世界是那么美好。

　　齐白石的绘画地位，陈传席先生指出："我把齐白石列为 20 世纪在中国画方面最有影响的画家之首。在 20 世纪，没有任何画家的影响能超过齐白石。而且，自明末清初的石涛、八大山人等画家之后，在传统基础上变化，成就最高、面貌最新、影响最大的画家也当首推齐白石，至今无人能和他相比。那么，吴昌硕能不能和齐白石相比呢？齐白石可谓家喻户晓，鲜有不知者，而吴昌硕的知名度，只限在美术界的圈子内。吴昌硕的画，大气磅礴、雄健浑厚，但浊气太重，在清新淡雅、宁静致远等方面不如齐白石。吴画中不仅火气尚存，而且俗气也没有完全泯灭，至于齐白石画中所表现出的天真和童趣，那是更加没有的。莫说全面地比，齐白石的诗、书、画、印，只要取其中之一，当代画家也无人敢与他相比。"

他的工笔草虫，匠心独运，栩栩如生，神形毕现。而这样的观赏之后，观者无不在惊讶之余，对每一只小虫的神情，对寓静于动的身姿，对蜻蜓和蝉透明而纹理精微、复杂的翅，颔首叹服。

中国画发展到齐白石，尤其写意画，有人甚至说，齐白石以他天才绝伦的艺术，近乎"残忍"也尽善尽美地终结了中国水墨画大写意，以至于之后的所谓大写意，都不过是无意义的延续，甚或只是低劣的模仿。也确实是这样，每一位大师，都会随着他的辉煌，终结一条艺术道路。

齐白石已经离开这个世界 60 年了。他的一生，艰难也好，幸福也好，我们知道的是，他留下的艺术作品已然成为中国艺术和世界艺术的绝色瑰宝。近些年，他的画作价格一再飙升，甚至近乎天价，这里面可能有商业上的炒作，但也有世人对齐白石艺术巨大魅力的推崇。

齐白石活着的时候，会想到这些么？

"夫画者，本寂寞之道……"这话是齐白石哪一年说的呢？那一年白石老人有多老了呢？老即老，可是能如王维那样"坐看云起时"的人，怕什么呢？真正寂寞的人，大寂寞的人，是看不见一己之寂寞的。不过是觉到时光流逝，流逝到某一时，感慨惊心而已。而那流逝的过程，心守一处、墨色斑斓的时候，哪里会觉得到呢？即便是觉到了，也知道那不过是天命罢了。对齐白石来说，他不会不知道他的艺术一定会流传下去。他有这样的自信。

"姓名人识鬓成丝"，白石老人活着的时候曾如此感慨。可是感慨，也只是感慨罢了。命若此，奈何。命若此，以民间卑微手艺人起家，道路曲折，齐白石恐怕也只能是大器晚成。

齐白石有诗："青藤雪个远凡胎，缶老衰年别有才。我愿九原为走狗，三家门前转轮来。"齐白石愿为走狗而悉心臣服的这几位，出身却都不同寻常。齐白石除了臣服，黯然时刻，也会有对命运不公的埋怨么？也许会。虽然他的坚毅隐忍总是让我们忘了。

我们现在很难想象民间出身的齐白石，最初看到八大山人，看到金农、徐渭的书画，知晓他们身世背景、学问修养的时候，会是什么样的感受。但无疑的是，一定受到了极深的震撼。

与他们不同，齐白石只能走自己的蜿蜒向着城市的乡间小路，及至大路朝天，花团簇锦，已经多少年过去了。

也设若齐白石"五出五归"之后，没有匪患，可以安心偏居一隅，"微风闲坐古松"（白石印语），"浴兰汤兮沐芳花"，煮石卖画，悠游乡里，以寻常日月于借山吟馆、寄萍堂终老此生，他的画，他的诗文篆刻又会是什么样的呢？

白石老人一生颇多周折，感慨系之，遂有 1945 年在一本册页上的题跋：

> 予五十岁后之画，冷逸如雪个，避乡乱窜于京师，识者寡。友人陈师曾劝其改造，信之，即一弃。今见此册，殊甚自悔。年已八十五矣。

"殊甚自悔"是隐约吐露了齐白石不能亦不肯与人言的心境。心境凄凉么？还是不说的好。"年已八十五矣"，俱往矣，已全然吐露了。若无衣食之虞，若无陈师曾，若无齐白石京城所遇大国泱泱人杰，若无齐白石慧根，若无坚忍不拔，若不能安贫乐道，白石老人的艺术会是什么样的呢？

也许，白石老人本想沿着另外一条路走的，接八大山人、金农、徐渭一路，挟乡间自然气息，汲取文人画风韵，而独造自家画意。只是无奈，却又于无奈之中转而新生，再于新生中反叛而成就神妙大业。但是，无奈却可能一直心中隐隐存在。

美国诗人弗罗斯特的诗《未选择的路》，会引起那么多人，尤其是中老年人反刍般的唏嘘感慨，绝不是没有道理的：

> 黄色的树林里分出两条路，
>
> 可惜我不能同时去涉足，
>
> 我在那路口久久伫立，
>
> 我向着一条路极目望去，
>
> 直到它消失在丛林深处。
>
> ……
>
> 也许多少年后在某个地方，
>
> 我将轻声叹息将往事回顾：
>
> 一片树林里分出两条路——
>
> 而我选择了人迹更少的一条，
>
> 从此决定了我一生的道路。

只是，一切都不能回去了。甚至，不能推想。

能够想象的是，若齐白石沿着冷逸一路坚持下去，必定会出现另外一位大师，我们无法推想的大师，依旧会叫我们沉湎惊奇的大师。这对于白石老人来说，也许是一个遗憾，再也不能弥补的遗憾。

白石老人晚年偶遇收藏他早年风格冷逸的画作的藏家，在等待那些画作回来的前一天夜里，几乎彻夜未眠。

　　人不能复生，我们只能看这一个齐白石了。如果时光能轮转，我们多么想齐白石能有另外的人生，能为我们画出另外一种画。可是，我们不能贪婪，有这样一个齐白石，已经是我们的幸运，这个世界的幸运。

　　刘曦林在评价齐白石的时候如是说："齐白石只有一个。吴昌硕有他的笔墨功力，无此天趣。徐悲鸿的马和狮子，远过于齐白石的虾和鱼的生命力度或者那种精神感召力，但是没有齐白石的画这么可爱。所以齐白石是大众的画家，不是捧出来的。他的东西老百姓一见就爱，一见就喜。他自身就是老百姓，是从泥土里边钻出来的，在草间偷活生存过来的人。他对草和虫在大自然的生存状态了如指掌，视同自身。齐白石在艺术构成上、艺术思维上，是一个不得了的人物，后人很难超过他。"

　　是呀！如果这百十年的中国绘画，没有齐白石的出现，那才真正是遗憾的。此外，我们还能说些什么呢？

　　还是让我们跟随着齐白石和他的绘画，跟随着纪录片的一个个镜头，跟随着他的晚辈的话语，开始这一本书的悠游吧。

第一章 人知识字布衣尊

齐白石从学习雕花，到后来成为画匠、画家，其实是一脉相承。对于民间绘画，齐白石本就极其迷恋。跟随周之美之后，木雕之余，只要有闲暇，齐白石都会寻找机会，认真学习绘画。这种闲暇之余的学艺，加之周之美的民间绘画和雕刻手艺的熏陶，初步磨练了齐白石的造型、构图能力和对材质、体积、空间、情调的把握能力。

命运和缘起

齐白石的诞生，也许并不寻常，他的家乡星斗塘曾有流星坠落的传说，也并非是无聊的穿凿附会。

1864 年 1 月 1 日齐白石出生，1957 年 9 月 16 日病逝于北京，终年 93 岁。白石乃长子，名纯芝，号渭清，又号兰亭。27 岁时取名璜，号濒生，别号白石山人，遂以齐白石名行世，并有齐大、木人、木居士、红豆生、星塘老屋后人、借山翁、借山吟馆主者、寄园、萍翁、寄萍堂主人、龙山社长、三百石印富翁、百树梨花主人等大量名号。

1956 年，作画时的齐白石

齐白石故居（湖南湘潭）

自然，这是后话。少年的齐白石，也就是乳名叫阿芝的人，因为身体孱弱，无法承受田间的繁重劳作，无奈间家里才让他去学一门手艺养活自己。最初，齐白石给一位本家长辈做学徒学粗木作。齐白石最小的儿子齐良末回忆父亲说：

原来最早的手艺就是桌椅板凳木匠。那时候几乎生活就是无着吧，没有什么别的办法，只能是学木匠啊。那活很苦很苦的。后来的时候，有一次呢，就是他的师傅跟他在一起，田埂上走的时候，对面过来了几个人。父亲就看见他的师傅很恭敬地侧身在田埂边上站着，让那边的木匠过去。我父亲就问他，为什么你见这些人会这么恭敬？师傅说了，人家叫做细木匠，人家做细活的，咱们是粗木匠。咱们是做粗活的，咱们比不了人家。

能雕出精巧花样的木匠在当地被称为细木匠，也叫雕花匠，他们的地位和收入比普通匠人要高得多。

粗木作是需要力气的活。尤其是给人家盖房子、上梁，是需要力气的。即便是斧刨锯子，一整天干下来，也需要一身力气。可齐白石实在是太羸弱了，因为体力不足，竟然给师傅辞退了。

我们现在已经无从推想齐白石当年所蒙受的屈辱。少年回家，长辈一定会有善意的责难。也许，正是这种屈辱和责难，激发了少年齐白石的强烈自尊心。他一直没有忘记那位受人尊重的细木作师傅。16 岁那年，他下决心学细木作。其实齐白石并不是凭空要去学细木作，学雕花的。他很小的时候，就曾经描摹过同学家里的门神之类，对绘画有着极其强烈的兴趣。

学习雕花的过程中，因为曾经的屈辱和责难，齐白石不可能不十分刻苦。在雕花匠周之美的教习下，齐白石在很短的时间里就令人吃惊地学会了雕花手艺。学艺之人，大凡两路，一路因循守旧，故步自封；另一路谙熟之际，则改之弃之，孜孜以求。以齐白石的心性，自然不会满足于一般的乡间木雕，即便是那些所谓的乡间高手才能企及的技艺。也因此，齐白石 16 岁学艺到 19 岁出师，随着手艺逐渐精巧，放牛娃成了远近闻名的芝木匠。

齐白石是不肯安分守旧的。他后来在《自述》里说："我认为这些老一辈的玩艺儿，雕来雕去，雕个没完，终究人要看得腻烦的。祖师传下来的一种花篮形式，更是陈陈相因，人家看得很熟。雕的人

《甘吉藏书图》1915 年

物，也无非是些麒麟送子、状元及第等一类东西。我就想法换个样子。"这种艺术的驱动力，不仅来自于生活的压力，来自曾经的屈辱和责难，同时也来自他的内心热爱。

遗憾的是齐白石早年（19 岁到 27 岁）的大量木雕作品，那些雕花的床、箱子，雕花的屏风，都已经无法寻觅踪迹。虽然 20 世纪 50 年代以后，博物馆和收藏者收集了一些据说可能是白石老人的早年雕花作品。湘潭齐白石纪念馆里的一件雕花木床，那些圆雕法雕出的人物，肌体和衣纹圆润流畅逼真。床楣上，雕刻者将传统题材加以翻新，极富生活情趣地雕刻了葡萄、喜鹊、蝴蝶等，甚至还出现了荷花、稻穗这些乡间常见的景象。虽然这件雕花木床能否真正认定为齐白石早期作品，也还是未知数，但是至少作为齐白石早期艺术的实物参考，还是有意义的。

齐白石从学习雕花，到后来成

早期木雕作品　约1890 年

为画匠、画家，其实是有一条伏线的。对于绘画，齐白石本就极其迷恋。跟随周之美之后，木雕之余，只要有闲暇，齐白石都会寻找机会，认真学习绘画。这种闲暇之余的学艺，加之周之美的民间绘画和雕刻手艺的熏陶，初步磨炼了齐白石的造型、构图能力和对材质、体积、空间、情调的把握能力。更重要的是长期的操刀游刃，格外练就了手、腕、臂的功力，使之后来的绘画、书法、篆刻深受其益，乃至对他绘画中拙重生辣的用笔风格，都产生了深远影响。

齐白石出徒之后，除了给人家雕花，也同时开始了他最初的民间风格的绘画。

杭春晓在接受采访时说："齐白石他在做木匠的时候，他就不是一个什么循规蹈矩的细木匠。刻花的活，他时常是把其他一些绘画的形象勾摹出来，应用到他的刻花中。他对绘画本身具有很大的兴趣。"

齐白石恩师胡沁园的孙子龙龚在《齐白石传略》中记载："在（齐白石）晚年的回忆里，他记得一些神像功对旧事。曾经替宝山齐道士画过一堂写意功对，风伯、雨师、雷公、电母、牛头、马面，加上玉皇大帝、四海龙王、骑牛老子，一共十二幅。"齐白石在《自述》中说："和气好画，可以采用《芥子园》笔法；煞气可麻烦了，绝不能都画成雷公似的，只得在熟识的人中间，挑选几位生有异象的人，作为蓝本，画成以后，自己看着，也觉得可笑。我在枫林亭上学的时候，有几个同学，生得怪头怪脑的，现在虽说都已长大了，面貌究竟改变不了多少，我就不问他们同意不同意，偷偷地都把他们画上去了。"这也可以算是齐白石最初的写生吧。

民间艺人的生存，依赖于遵从民间的审美，更依赖于对这种民间审美的递进更新。艺术评论家南海岩对齐白石的早年雕花和他后来的绘画有这样的说法："他作为一个雕花木工，作为一个手艺人，就是我凭手艺吃饭，然后怎么去画我自己的东西，怎么能把这个活交出去，这是最关键的。小的时候，学画的时候，给人做雕花木工的时候，干这个活的时候，必须给师傅要这个稿子。师傅给你什么稿子，你就

《百年巨匠·齐白石》纪录片影像

照着稿子画，就是用木板去刻去。但是他这个人不安分。当时有的稿子就是随意给人家改。他到后来的画画也是这么画。到他晚年的时候，他的画也是雕花画那样画的。我们画院有一千两百六十多张齐白石的原稿，当时一看，上面都有铅笔印。齐白石后期画的手稿，不管是人物画还是花鸟画，有的时候他把那个鸟，这个脖子或者这个头，都拿毛笔写上，这个头往上半寸，或者那边这个腿要往这儿，往前，或者是加一韭菜叶，或者加多少，他都是很笨的方法。他去慢慢这么画。他小时候，师傅带徒弟的这种表现方法，他就是这么学的。就是这个稿子就是这样的，改一下，然后这个稿子怎么改的。老鹰，还有画的人物，他把后背应该怎么着，再往上提，一指，上面写了。有的这个腿再略微长一点，然后再给你画一根线。有的时候调点白粉。我们那里关于齐白石都有纪录片，当时拍的，调点粉，慢慢调，就是墨里面加粉，目的是什么呢？就是为了别跑快了，别洇出铅笔的印。他就是这样画画的。"

《石门二十四景图》 1910 年

《开藕与蝼蛄》

《独酌》 1948 年

齐白石这些早期的神像画已经遗憾地不复存在了。若在的话，我们就可以看到齐白石是如何将这些寻常的世间面孔转而化为那些本来就不存在的神像的。那些神像，在齐白石的笔下已经是现世化，是活生生的，半神半人、可敬亦可亲那样的人了。这样的神像受到民间的喜爱，不是没有道理的。

齐白石是幸运的，终于有机会认识了他的第一位恩师胡沁园。他的幸运也是伴着他的才能的。没有才能，何来幸运。

记者采访胡沁园的后人胡维岳的时候，他回忆这段历史说："当时白石呢，画了一幅帐檐。我曾祖父胡沁园呢，就看一看到底是谁画的。他去了以后，知道是白石画的。他看到他的画以后呢，（觉得）很好，是好画。心里就产生一种好感，想收齐白石为徒。"

这段往事，用齐白石最小的儿子齐良末的话来说："他自己的话呀，身份太低了，就是个农民，什么也不是。他怕人看不起，鄙视他，他说我何必呢，我不攀那高枝，我不去，我自己就是我自己。我自己做我自己的木匠活，挣钱吃饭就是了。后来，人家那寿三爷一家见他这么有志气，反倒要教他。"

齐白石笔名的来历，胡维岳说："他住在白石铺，就用那个地方的名，叫白石山人。璜呢，就是王右面那么一个黄，就是一块玉，雕琢的玉。玉成器，玉就成材了。濒生呢，是马上成才的那个逢生那个秀才的成才。"

玉不琢，不成器。我们现在很难想象当年的青年齐白石究竟吃了多少苦。学者朗绍君在谈到齐白石的时候说："这个人的用功也是不得了。他27岁开始拜师学画学诗。聪明到什么程度，不到30岁，唐诗三百首，从头到尾的，还不认得字，不认多少字，能全背下来，然后自己拿字注字。"天将降大任于斯人，关键还是在于斯人不仅能熬得住筋肉之苦，更得熬住心神之苦。

齐白石追随胡沁园，几近十年。这些年，齐白石认真研习临摹胡家的藏画，以及胡沁园一些朋友的藏画，极大地开阔了眼界。山水上齐白石追慕董其昌、石涛，花鸟上追慕八大山人。齐白石这十年的画，因为卖画为生，十分驳杂，一部分可以归之于民间艺术，一部分归于文人艺术。但重要的是，因为要卖画，要画民间喜欢的风格的画，而这种民间艺术的强大影响，潜移默化，最终成为画家在吸收文人画养分的过程中，一直绵延不断的潜在营养。甚至也可以说，正是这种潜在的影响，而最终形成了齐白石绘画的生气十足的天真气象。

《恩师胡沁园像》1895年

最早的那位雕花匠师傅周之美对齐白石的影响是深远的，除了技艺，甚至在人格上都对齐白石产生了影响。尽管他后来跟随胡沁园学习绘画、书法、诗文，但是他一直没有忘记这位细木作师傅。周之美后来贫病去世，身处异乡的齐白石在哀恸悔恨之中为之作《大匠墓志》："周君之美大匠也……君于木工为最著，雕琢尤精……夫处贫贱者，能达观万物

《胡夫人像》1895年

之衰盛，以安其命，知富不可求，固布衣可傲王侯。"不仅是因为出身，即便是后来极其追慕八大山人、徐文长、金冬心，齐白石依旧毫不吝啬地将周之美称之为"大匠"。虽然言语间难免略有夸饰，但是

《册页》 1895 年

在心底深处，齐白石始终对民间艺术保有至高的尊重，更有对这些自食其力、不卑不亢的民间匠人于清贫中"出淤泥而不染"品格的由衷赞叹。

齐白石的绘画，最重要的一个特征，就是他的画一直宿命一般保持了来自民间的温暖和喜悦。这在中国大师级的画家里面，几乎是一个独例。与之可以媲美的法国大画家米勒，虽然画出了乡间生活的艰辛苦涩，可是那些温馨的织补、田间的小憩、喂食，同样是叫人感觉温暖的。虽然，齐白石在吸收民间艺术和文人画养分之后的一个阶段，极其欣赏八大山人、徐文长、金冬心等文人画风。但是，作为根蒂，他最为强势的力量是从民间的泥土里汲取到的营养。陈师曾的点拨，一方面是为了齐白石的卖画生存，但是更为重要的是期望齐白石"我自作我家画"（白石印语），提炼出画家背景养成和自我心性，成就家派。

齐白石能够达到这样的高度，比石涛、八大山人、吴昌硕有更广泛的影响，无疑来自于他从民间艺术甚至是从民间审美和情感中的吸收，来源于在这样的基础上，借助文人艺术修养的提升，而最终完成了他的绘画超越。换句话说，齐白石的根，远较其他大画家的根深入，绵长，庞杂，有文人画的深层美学意蕴在里面，更有民间深层的水土血肉在里面。他的叶茂根深，是别的画家始终无法达到的。

记者在采访齐白石的大孙女齐秉正的时候，她的说法很有意思："你比如说他画农民的那个笓子，就是一个笓子，就是靠自己的劳动去笓东西。他觉得地下生长的东西都是财。你想想这个造物主给咱们所生长的东西，真是，红黄蓝白黑，什么颜色都有，那么漂亮。什么东西都能吃，酸甜苦辣咸，什么都能吃。你想想这是多么了不起啊！所以就是说他所表现的东西，也正是这些一般普通人所喜欢的东西，不是说只有某个阶层才喜欢，不是，是从有文化的到没有文化的，都喜欢，都爱。"

看齐白石的画，我们就可以知道来自民间艺术的力量。民间艺术的力量，在时见粗俗甚或偶尔显露粗鄙的同时，也有着文人艺术难以拥有的生机勃勃。

画家 1924 年画十二开《草虫册》。这一年齐白石已经 60 岁了。这一时期画家的工笔画虫和写意粗笔花草结合，构图多样化，虚实得宜，笔法墨法走向凝重沉厚，齐白石的花鸟画工写结合的格局基本形成。其中《皂荚秋蝉》（草虫册页之十二），笔墨溪水洗了一般，花青、赭石、淡墨的皂荚叶子，不见一丝渣滓。即便淡淡赭石隐现的凉凉秋色，一丝丝也不觉得枯涩。叶子上微微的些许黄色，隐含着花青和淡墨的黄，甚至会觉出皂荚叶子在这秋天竟然会有些宜人的"丰腴"。白石老人在这幅画里，用色用

《皂荚秋蝉》1924 年

《知了》1924 年

《秋蝉》1924 年

墨都很淡，甚至勾筋也用淡墨。花青、赭石、淡墨，是容易协调的，可是，要用得干净，匀净，一尘不染，不简单。纯然的文人画，不会这样的吧。

皂荚秋叶的"丰腴"，其实也是为了落尽了叶子的那一枝的"涩"。反过来说，没有这"涩"，蝉声的"吱吱"只在润处，延展的薄薄玻璃纸也似的"涩"，那空乏的秋声，是少了些懒怠味道的。懒怠而执著，就是不可思议的秋蝉吧。

五只皂荚，高低悬着，是秋天了，可还是细润有水分的。皂荚的用笔，可以看出白石用笔的慢。用笔慢，会给人静的感觉。叶子，有秋意，略略燥而已。皂荚虽在秋天，可还是润的，和叶子的润，一脉相承。生了皂荚的细枝，似乎是因稍浓的墨，而润润地结了皂荚。

皂荚上本来无所谓墨点的，只是老了之后，皂荚里的种子，才会由绿转黑紫暗自鼓将起来。画这样墨点的皂荚，本该是老皂荚，在稍稍淡一些的墨紫色上，才能点这墨点的。皂荚不老，白石却点了，本来在皂荚里隐隐生着的，给人发现了一样显现了出来，若女子的初孕，使那爱恋她的人更加怜惜。

借山吟馆主者

《鸣蝉》1948年

《红果松鼠》1927 年

白石老人笔下的蝉，描摹精细。精细到几乎是真的。曾在京城看白石册页真迹，竟然是可以用放大镜仔细看的。放大镜下，真是纹丝不乱，丝丝入扣，大到身子，小到眼睛，薄到如纱翅膀，细到爪子上的茸毛，历历在目，直逼睫眉。

白石老人对自己的草虫画颇为自负，甚至在早年的草虫册上就题道："山野草虫余每每熟视细观之，深不以古人轻描淡写之为然。"草虫原本就小，常人能画出虫爪已经不易，而齐白石还能画出虫爪上的茸毛，蜻蜓翅膀上网纹的细微浓淡变化。甚至能画出蝴蝶和蛾子翅膀上的粉，似乎一触即会掉了那样。

歇着蝉的那一根枝条，秋色深了，树皮苍老，皴裂开而染了秋的寒凉。蝉呢，正歇着，这该是清晨，笔墨的匀净，叫人想起清晨。要到了正午，它才叫呢。蝉叫什么呢？仔细听，里面有另外的小声：煞了，杀了，煞了，杀了……它的小裙子，透明的小裙子里透出来的小身子，一抖一抖，飒飒的，一丝儿风抖着那样。

这样的画是另一种写实，并非为了写实的写实。写实，是民间的；而纯然文人画的，则有寓意。白石老人呢？只是静心画了画在那儿，蝉呢？皂荚呢？你自己去看吧。看了说不出来什么，也就不说吧。只是觉得好就是了，只是觉得秋天了，可是，秋天不凉，还微微有些儿暖呢。

《红果松鼠》里的松鼠则是神气活现。"没骨"而"有骨"的画法。皮毛裹着的松鼠面颊，似乎因着牙齿的用力咀嚼，而一鼓一鼓。背部，虽然亦是"没骨"画法，但是笔墨显出松鼠因啃食红果用力的筋肉感觉。前爪似乎刚刚还在红果上按着，怕那红果滚走了。松鼠的大尾巴也因为整个身子用力的缘故，也随之用力地弯向背部。

几只红果的经营位置，也有妙谛。松鼠正在咬食着一只红果，已经少半个下去了。下面还有两只，陪衬着那样。而玄妙的是左上边的一只，稍稍似乎有点远离了那样，却让整个画面，忽地一张一弛。红果是好画的，但是能从整体的构思上，忽地似乎闲笔那样的一笔，是不简单的。所谓"不经意之间"，才真正是大才能。

齐白石由民间吸收而成就的天趣，叫人迷恋。尤其晚年，他笔下的活泼顽皮的小动物和鲜嫩多汁的菜蔬，天地任我悠游一般，将返老还童般的情感和纯熟老辣忘形之笔融在

《三鼠图》1947 年

一起。一个老人能有这样的创造力，不仅是体力，是心力，更是来自于民间的力量，善和爱的力量，这些是石涛、八大山人和吴昌硕等人绝不可能有的。

在一幅齐白石老年的照片中，我们看到画家布满老年斑的衰老而勤劳的手，捉着一管毛笔，在画一只淡墨的虾。若老人的手是在画一只小老鼠呢？老人会先用稍浓的墨画出老鼠的头，再画前爪，再用淡墨画出身子，再用稍浓的墨画后腿，再画出尾巴。最后等着墨干了，才小心地画出努着的小老鼠的嘴，再更加小心地用焦墨点出炯炯有神的眼睛。再换支叶筋笔，蘸了浓墨，细细地画出顽皮的鼠须。什么叫天趣？这就是天趣吧。

在文人画里，老鼠自不是寻常入画物。即便入画，也绝不会画得如此可爱。中国民间有《老鼠嫁女》的传说，一行老鼠，弹唱鼓吹，轿子里抬着一只小老鼠新娘。这是中国民间艺术家的天才想象。齐白石在画这幅画的时候，想的是"烛火光明如白昼，不愁人见岂为偷"。"岂为偷"？富有童心的老人笔下的小老鼠是惹人爱怜的。尽管多年文人诗画修习，白石老人依旧是心存民间的。李贽尝言："夫童心者，真心也……若失却童心，使失却真心；失却真心，便失却真人。人而非真，全不复有初矣。"如此的真心童心，实在是太少了。

白石老人晚年画了多幅小老鼠。在一幅《灯灭小鼠偷油》的画上，老人题诗曰："灯枯黑暗使人愁，昨夜来偷今夜偷。枕上新吟书不得，画钱难打许多油。"而当老人画出一只老鼠咬着另一只老鼠的尾巴转圈的画时，老人便忍不住写下"寄萍老人八十五岁时新造样也，可一笑"这样的题记。

《许君松寿图》亦是这样。立轴的构图，从画面上方探下一根松枝，松枝的高处是两只相向的松鼠。嬉戏的松鼠，会一直顺着松枝打

《灯鼠瓜果图》1946 年

闹玩耍，一直打闹到最下面的细枝，最后忙乱之间抓不住松针而掉了下去。与松枝用稍加收敛的淡墨的写意，松鼠的头、腿和尾巴用了浓墨，而松针则用更浓的墨，细笔纤细有力，若铁丝般飒飒有声地一根一根扫去。淡墨的松枝，似乎给浓墨的松针细细收拾了那样，淡墨的没骨和细微微的坚硬松针，有趣地交织照应。整个画面的水墨韵味，柔和而清晰。

纵观现当代中国绘画，自始至终能保有童心，即便是极其恶劣的境遇，也能保有这童心的，唯齐白石一人。这样的天真韵味，也绝不是纯然的文人画风可以表现的。我们可以试想，设若石涛来画小老鼠，金农来画小老鼠，更不用说八大山人来画这小老鼠，会画成什么样呢？要得到天真的韵味，几乎是不可能的。

记者采访刘曦林的时候，他羡慕地说："齐白石是个老顽童，他有天真的童趣，我们说什么叫童趣？什么叫天趣？就是童真之趣，真诚无邪，没一点杂念。"

天下的天真文字，同样少见。最有味儿的是西班牙的西门尼斯的《小银和我》吧。西门尼斯这样写一匹小毛驴：

> 毛茸茸的小银玲珑而温顺，外表是那样的柔软，软得通身像一腔纯净的棉絮，没有一根骨头。唯有一双宝石般发亮的眼珠，才坚硬得像两颗精美明净的黑水晶的甲虫。
>
> 我把它解开，它自己就向草地走去，漫不经心地用前吻微微地去嗅触草地上的小花；那些玫瑰红的、天蓝的、金黄的花朵……我轻轻地呼唤："小银呢？"它就仿佛带着满意的笑容，轻盈地向我走来，不知为什么会像是一只小小的风铃在娴雅地摇晃……
>
> 我给它什么，它就吃什么，可是它最喜欢的是黄澄澄的

蜜橘，颗颗琥珀般的麝香葡萄，紫色的无花果，以及那些由

渗出的果汁所凝成的一粒粒晶莹欲滴的蜜露……

　　这二人若有可能见面，用俩人都能听懂的西班牙语和湖南话，

茶酒之间谈谈可爱的小毛驴和小老鼠，该是多么有意思啊。

手艺与修习

所有的手艺，都有一套学习的规律。换言之，画家书法家的学习亦然。我们知道，来自西方的素描，是指运用铅笔或者炭笔之类的单色对物体进行刻画，运用线条将块面画出，再进行黑白灰的刻画，从而让物体的明暗交界线、暗部、亮部、高光等把对象立体地表现在纸张上。中国绘画的摹习，自有其"课稿"的方法。这一种方法，跟西方的素描截然不同，却也有着异曲同工之妙。有意思的是，不谙绘事的李渔，竟然会专门着人编了一本《芥子园画谱》这样的"课稿"。

他的《闲情偶寄》里有这样一段话，也许可以算是这"课稿"的缘起吧：

芙蕖之可人，其事不一而足，请备述之。群葩当令时，只在花开之数日，前此后此皆属过而不问之秋矣。芙蕖则

1956 年，白石老人作画

《石门二十四景图》（局部）1910 年

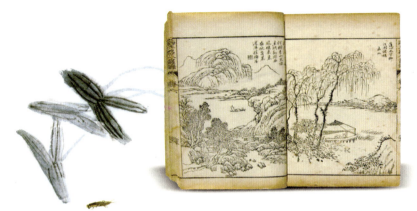

《芥子园画谱》

不然：自荷钱出水之日，便为点缀绿波；及其茎叶既生，则又日高日上，日上日妍。有风既作飘摇之态，无风亦呈袅娜之姿，是我于花之未开，先享无穷逸致矣。迨至菡萏成花，娇姿欲滴，后先相继，自夏徂秋，此则在花为分内之事，在人为应得之资者也。及花之既谢，亦可告无罪于主人矣；乃复蒂下生蓬，蓬中结实，亭亭独立，犹似未开之花，与翠叶并擎，不至白露为霜而能事不已。此皆言其可目者也。

这段话几乎是以画家般的眼力详细摹写了芙蕖的姿态，实在是观察细致，也许李渔就是在这种观察中觉得应该有一本初学者可以借鉴"可目"的《画谱》的吧。

《画谱》系统介绍了中国画的基本技法，浅显明了，宜于初学者习用，故问世三百余年来，风行于画坛，至今不衰。许多成名的艺术家，当初入门，皆得惠于此。称其为启蒙之良师，是一点不过分的。

1882年，整日奔波在乡间的18岁的芝木匠齐白石，偶然发现了这套书。说到《芥子园画谱》，齐良末说："父亲就是在人家做活的时候，发现了人家残存的《芥子园画谱》。我父亲说，我跟您借用一

《铁拐李》1896 年

下啊。主人很慷慨，说行，你拿去吧。他觉得这样子对于他的木匠活太有用了。木工活上如果有这个样子来做上去，那好的不得了了。"

《芥子园画谱》，齐白石无意遇之。对齐白石来说，即便是残缺的《芥子园画谱》，依旧"好像是捡到了一件宝贝"一样。齐白石在借书的同时，就已经想好了——"向主顾家借了来，跟母亲商量，在我挣的工资里，匀出些钱，买了点薄竹纸和颜料毛笔，在晚上收工之后回家的时候，用松油柴火为灯，一幅一幅的勾影。足足用了半年的时间，把一部《芥子园画谱》，除了残缺的一本以外，都勾影完了，订成了十六本。从此，我做雕花木活，就用《芥子园画谱》做根据，花样既推陈出新，不是死板的老一套，画也合乎规矩，没有不相匀称的毛病了。"

也正是由于这套书，齐白石的绘画初步受到了文人画的

影响。刘曦林在记者采访中谈到《芥子园画谱》的特点时说："芥子园是文人画的程式化的普及读本。文人山水画怎么画，文人梅兰竹菊怎么画，把它分解为石头怎么画，竹叶怎么画，竹竿怎么画，兰草怎么交叉，树木怎么画，石头是有哪些皴法，便于文人们来学习和掌握。"得到这样的绘画，不仅是齐白石雕花样式有了新的摹本，而且这也是七年之后，齐白石有机会入得胡沁园的家门学艺的一个机缘。真是天意！

在齐白石的眼中，这本文人画教科书才是他最理想的雕花图样。这也是他有生以来第一次接触到规范的中国画教材。虽然已经过了人生最佳的绘画启蒙阶段，但是在这本画谱的引领下，20岁的阿芝无意间闯进了一个崭新的世界。

在得到《芥子园画谱》之前，齐白石木作雕花之余，于民间绘画上已经有了不少积累。他在绘

《一苇渡江》约1894年

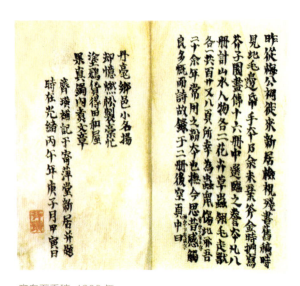

齐白石手稿 1906 年

《桑蚕》

画时求新求变的心性，早早就显露出来。齐白石《自述》里有这样的话："在花篮上面加些葡萄、石榴、桃、李、梅、杏等果子，或牡丹、芍药、梅、兰、竹、菊等花木。人物从绣像小说的插图里勾摹出来，都是写历史故事。还搬用我平日常画的飞禽走兽、草木鱼虫，加些布景，构成图稿。我运用我脑子里所想得到的，造出许多新的花样，雕成之后，果然人都夸奖说好。我高兴极了，益发地大胆创造起来。"

从现存齐白石对《芥子园画谱》的摹本看，相当逼真。齐白石临摹的《芥子园画谱》之六的《山水》，山石嶙峋，古柏苍苍，一丝不苟，不仅传达了原来画本的神韵，甚至已经在笔墨线条上要比原画本技艺更高一筹。原画转化为雕版时失去的线条韵味部分给齐白石恢复了。另一幅《芥子园画谱》之五的《黛玉葬花》，黛玉的眼眉鼻唇，纤纤素手，流畅衣纹的临摹，也都叫人惊诧。不过二十岁的齐白石，如何能有那样娴熟的笔墨？从那些遗存下来的摹本，可以看出齐白石的笔力已经绝非民间寻常画师的笔力了。

齐白石的摹本及初期的画作，能够有如此出凡的功力，一方面无疑是来自于天分及努力，另一方面，细木作雕刻的常年训练，使得他的腕力指力格外沉稳。

对于"齐白石后来成为齐白石"，杭春晓评价道："重要的是，齐白石偶然间看到了《芥子园画谱》。从这一点，我们讲齐白石可以说，他

《黛玉葬花》约1896年

开始了正式进入对中国画的体验和全面的学习中。那么毫无疑问，这会对他后来的创作有极大的影响。我们看后来，比如讲他的山水画，他的这种《借山图》啊等等，实际上有很强烈的这种《芥子园画谱》的痕迹。他偶然间又进入到了胡沁园的文人这个圈，还甚至进到王闿运的这样的一个门下。那么这样的一个大儒的门下，然后又通过他的弟子接触到当时国内一些比较高层的文化阶层等等，我想都有一定的关系。正是因为这很多看似很偶然的一些事件组合，那么像发酵一样的，让齐白石逐渐发酵起来。"

谁也没有想到的是，一本司空见惯的《芥子园画谱》，不仅让齐白石雕出的木活花样翻新，而且，他会画画的消息也在四邻八乡不胫而走，不少人开始主动找上门来请他画村民用来供奉的神像。

每画成一幅神像，齐白石就可以得到一千来个铜钱，约合一块大洋。与制作过程繁琐、周期漫长的雕花相比，这种来钱的方法要容易得多，也快得多。这也更加坚定了齐白石学习绘画的决心。

不同于那些文人画家的绘画风格。

的热爱和喜好，并直接影响到了他后来全然

了普通百姓的所思所想，知道了最下层民众

得原本就出身于柴门的齐白石更加深入了解

多年时间里，入百家门，吃百家饭，这也使

齐白石早年走街串巷，雕花刻木，在十

民间艺术和文人画

　　如果说齐白石最初学画，是拜《芥子园画谱》为师，而《芥子园画谱》的文人气息在一定程度上影响了齐白石，那么他在有缘拜胡沁园为师之前的拜师，几位师傅则都是民间艺人。在雕花匠周之美之后，正式的画匠师傅，先一位是萧芗陔，湘潭有名扎纸匠出身的第一画像高手；后一位是萧芗陔的一位朋友，画像名手文少可。自然，这也是在乡间没有条件找到更好的老师。但是反过来讲，假若齐白石直接，甚至是在更多接触到民间木雕和绘画艺术之前，就有机会得到文人画老师教习的话，那么齐白石后来的绘画道路一定不会是我们现在看到的样子。也许，那将是中国绘画的一个遗憾。

1956 年，白石老人获世界和平奖

《工虫花卉》（局部）

　　萧芗陔给齐白石传授的技艺主要是绘制民间画像，也即所谓的祖容像。在照相术没有传入中国之前，给人画像是民间画师生存的主要来源。

　　作为民间的画师，萧芗陔不仅会画肖像，会山水人物，于读书亦用功甚勤。在一定程度上，萧芗陔的眼界脱开了民间画师的固守和狭隘。萧芗陔慧眼，对齐白石很是器重，不存私心，悉心指教。在萧芗陔和文少可的指点下，齐白石说，他于"画像这一项，就算是有了门径了"。齐白石后来的人物能够画得既扎实可信，又栩栩如生，除了他后来的文人画研习，无疑也是有着脱胎于早年在民间画像上用功甚深的缘由的，而这恰恰也是其他文人画家手底工力的缺失。

　　齐白石早年走街串巷，雕花刻木，在十多年时间里，入百家门，吃百家饭，这也使得原本就出身于柴门的齐白石更加深入了解了普通百姓的所思所想，知道了最下层民众的热爱和喜好，并直接影响到了他后来全然不同于那些文人画家的绘画风格。而这些对于齐白石的成长，以至于成为一代新风的创立者，无疑是更有决定性意义的。

　　郎绍君在评价齐白石绘画时，有一个准确的看法："齐白石由一个民间艺匠成为一代大师，是他继承了传统文人画又抛弃了文人画的

《人物组图》约1947年

《醉酒图》

僵硬程式、继承了传统民间美术而又抛弃了民间美术中那些低俗因素的结果。文人艺术的高度精粹、高度修养化与人格化，民间艺术的质朴刚健、开朗、幽默，在他手下凝为一个新生命。”

从萧芗陔、文少可学习民间艺术之后，1889 年，25 岁的齐白石拜师胡沁园学工笔画。这也是齐白石第一次正式跟文人画老师学画。齐白石在胡沁园手下，主要是学习了工笔花鸟画从打稿、勾线、上色、落款、钤印等诸多环节的技艺。同时学习画像，旁及人物、山水、花鸟，兼及诗文篆刻。也就是在这个时候，齐白石在胡家与另外六个年轻人组成了龙山诗社，称为龙山七子，一起切磋诗艺。

一位好的老师，会让学生少走多少弯路。胡沁园点拨齐白石：“石要瘦，树曲，鸟要活，手要熟。立意，布局，用笔，设色，式式都要有法度，处处要合规矩，才能画成一幅好画。”除了自己的花鸟画外，为了教齐白石学画山水，又专门介绍自己的一位朋友谭荔生教授齐白石。

也是在胡沁园这里，齐白石有幸看到了胡家珍藏的古今名人字画。对这些名家字画，齐白石一一仔细观察，反复临摹。也许就是在胡沁园家里形成的这个习惯，齐白石后来每次看到名家字画，都会下工夫临摹，甚至是不止几遍的临摹，并在临摹中反复咂摸个中玄妙。

但是，真正看到他仰慕不已的八大山人、徐渭和金冬心的画作，可能要到 1906 年。42 岁的齐白石因家事一路到了钦州。其时，友人郭葆生正在钦州。郭葆生手里藏有八大山人、徐渭、金冬心的许多真迹。齐白石如何临摹，如何寻味，我们已经无从得知，但无疑的是，这些技艺高超、神形毕现的画一定给了他巨大的震撼。

这一时期，齐白石主要的生活来源，是给人画像，同时也开始有人请他画山水。恩师胡沁园也一以贯之地寻找机会推荐这位刻苦的弟子，去为前来求画的人画画。齐白石画像的技艺，经过萧芗陔、文少可的传授，已经入门。跟随胡沁园和陈少藩两位老师的学习后，随着艺术素养的不断提高，已经渐渐突破了民间画像的狭隘守旧，而显现出齐白石自家的独有风格印记。

《携子妇人图》1944 年

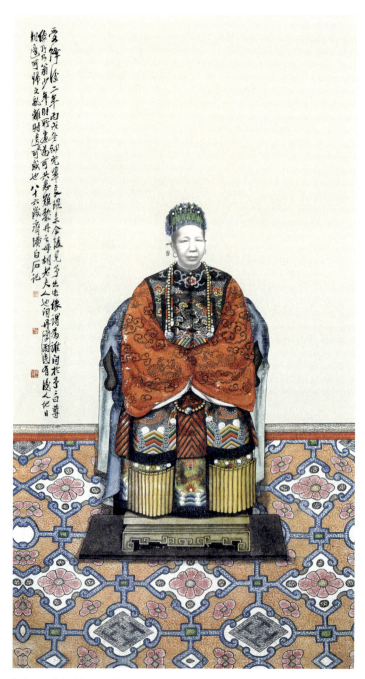

《黎夫人像》约1895年

齐白石学画，不厌其烦，总是能在别人看不到之处有所发现。甚至他在画像中发明了一种特别的精细画法，"能够在画像的纱衣里面，透视出袍褂上团龙花纹。"现存的齐白石约1895年画的一幅《黎夫人像》，即是齐白石这一时期画像的代表作。黎夫人的面貌，甚至有着近乎照相的质感，立体感相当好。齐白石除了在画像上学习传统外，也许应该有机会见到照片，虽然在白石老人的自述中未见到老人的真切描述，但是从白石老人"那时照相还没有盛行"的话来推测，白石老人也许是见过照片的。从这幅画像看，齐白石对于面貌的写照竟然有着叫人难以置信的写实感。人物的身体，也有立体感，甚至体积感。黎夫人外罩的柔软纱袖显得极其柔软轻薄，能够显现出纱质的精细质感。

杨仁恺在《齐白石老人早期书画及写真技法考》中指出："从此幅肖像的技法看，纯属民间画师风格，也就是萧芗陔、文少可所传授的技法。如实描出女主人面貌，并施墨炭，分出明暗，追求摄影效果。衣冠坐靠和地毡等什物，亦用重彩工笔绘成，具有浓厚的民间色彩。"

齐白石跟随萧芗陔、文少可的时候，已经学过清代宫廷画家焦秉贞、改琦、钱慧安等人的画法。焦秉贞擅画人物，吸收西洋画法，重明暗，楼台界画，刻画精工。也许，齐白石擅长的那种面部有着明暗的画像法，就是来源于这位焦秉贞。齐白石的画像的另一个来源是清代画家费丹旭。费丹旭工写照，亦作花卉山水，如镜取影，用笔流利，轻灵洒脱，有"费派"之称。齐白石还从改琦那里学会了用兰叶描描绘仕女的衣纹，如何画树石背景，如何清雅敷色。从钱慧安那里学会了他的介于老莲、十洲之间的笔意遒劲。

齐白石跟胡沁园学画，不仅是从画上跟着胡沁园学，外出雕花的

《人物画稿》约1895年　　　　《人物画稿》1944年

路上，累了歇歇，齐白石就借着歇息，在路边田里和池塘溪水里观察记忆各样的花鸟虫草。在艺术上极为敏感的齐白石，在田野边歇息观察体味的时候，会觉得田野里的空气真好，草叶的气味，绿的泛着紫的茎秆折断之后渗出来的乳白色汁液的气味，以及去年落叶的气味，牲畜和动物的气味，粪便发酵的气味，都是那么的迷人，叫人依恋。他的嗅觉里，随着一丝丝的风，甚至觉出了倏忽不定的那种沈从文笔下的"黄昏里的虫子的气味"。那些一丝丝的跟人的气味绝然不一样的甲虫，在齐白石的笔下，叫人感觉到甲虫甲壳上的脆薄，光滑或者是滞涩，甲虫生着倒钩的和茸毛的细细的爪子，和它们肚子那儿微微的体温。

　　寒来暑往，细心的齐白石也知道了不同季节的花鸟虫草的特点。所谓的"胸有成竹",在齐白石这里,已经深入到了纤毫毕现,真实到可以在恍惚间想去触摸的程度。

光绪二十五年,齐白石35岁。他已经在胡沁园和其他几位老师处盘桓研习十年了。他在胡家相识的朋友张仲飏,介绍他去拜见王湘绮。王湘绮是一代诗文大家。民初汪国垣作《光宣诗坛总录》列他为诗坛头领,冠于一代诗人之首。王湘绮幼年初学诗时就严守格律,矩步绳趋,不失尺寸,他作诗强调从拟古着手,五言长诗宗魏晋,七言长诗及近体诗兼宗盛唐,但并不单纯模拟古人,而是"尽法古人之美,熔铸而出之"。他的诗作,"于时事有关系者多"。《独行谣》《圆明园词》等都是反映社会现状的鸿篇巨作,曾传诵一时,堪称史诗。王湘绮名声很大,当时许多文人都以做王湘绮的门生为荣,可是齐白石却不愿意趋名好利。但是,惜才的王湘绮对齐白石评价很高,说:"白石草衣,起于造士,画品琴德俱入名域。精刀笔,非知交不妄应。朋座密谈时,有生客至,辄梭巡避去,有高士之志,而恂恂如不能言。"

王湘绮十分欣赏齐白

《麻姑进酿图》 约1896年

石的画和篆刻，可是对他的诗并不欣赏。王湘绮论诗说："古之诗以正得失，今之诗以养性，虽仍诗名，其用异矣。故吾尝以汉后至今，诗即乐也，亦足以感人动天，而其本不同，古以教诫为本，专为人作，今以托兴为本，乃为己作。"虽然王湘琦如此说，但是齐白石却坚持自己的诗路，他知道王湘绮的诗歌虽好，却跟自己完全是另一路。

在胡家，齐白石为了提高自己的画意，已经在诗文上下了很大工夫。随着诗文的提高，齐白石的画逐渐受到文人画风的影响。这一时期，齐白石的绘画，已经逐渐由画像朝着山水、花鸟悄然转变。人物画也已经由画像转向了仕女图。齐白石在《自述》中说："尤其是仕女，几乎三天两朝有人要我画的，我常给他们画些西施、洛神之类。也有人点景要画细致的，像文姬归汉、木兰从军等等，他们都说我画得很美，开玩笑似的叫我'齐美人'。"

随着齐白石由画像到花鸟草虫、山水的转变，他对宣纸和水墨的理解也更加深入了。

中国的宣纸，实在玄妙，不入其中是难以理解的。我们见过法国大画家马蒂斯和西班牙大画家毕加索用宣纸画的画。但是，那些用树皮制作的绵密柔韧的纸，内里有着的无尽的虚空，只有水墨才能浸透了虚空，他们是无法理解的。虚空的缘故，水的缘故，笔墨过处，即便是物象，也若有若无，若无若有的。不能在那有无之间感到什么的人，是叫人惋惜的。画面上的留白是虚空，另一种虚空，却并不全然是虚空。是风，烟岚，蒙蒙的雨，目力所不能及的。山和水，桥和路，送别和伫立的人，是殷殷话语，长亭复短亭，是冥思，是不问苍生问鬼神，都在那儿呢。

一切实与虚也都是静的，即便是马的奔跑、腾空，也是静的。动的那一点力，是瞬间，消弭得太快。只有静，那马才在。天马行空，天马是不动的，是天空在动。而天空，是空的，空，也是静。

也不仅是纸性，那空，与静，也是马蒂斯和毕加索无法理解的。

从工笔到初步的小写意，才真正开始了齐白石后来艺术的探索。尽管真正的水墨大写意，要到齐白石第一次出门到西安去了之后，才有了大胆的尝试。

煮画多年：无奈与喜悦

从齐白石早期遗留下来的人物画，如《西施浣纱》《红线盗盒》《黛玉葬花》等可以看出，其结构、造型、线描方式，大抵脱胎于《芥子园画谱》，与晚清流行的仕女画程式十分接近。但齐白石即便是在这种程式的影响下，也依旧会有自己的笔墨新尝试。这期间齐白石画的传说和历史人物，笔墨具备民间绘画特点外，已经初具夸张的写意趣味。1899 年的《红线盗盒图》，在红线脚下用淡墨渲染出云雾。1906 年的《赐桃图》依旧延续了如此画法，且更进一步将人物脚下的云团，用淡墨圆圈的形式，团团画出。赐桃的王母虽然也是清末流行样式，但是王母的瘪嘴无疑是根据现实生活中的老妪面部形象提炼而成的。

因为卖画，买家的需求，也决定了齐白石绘画的多样性。他的绘画除了继承旧的绘画程式，更多的则来自于写生背景。也正是拥有这种大量写生的背景，他才能熟知乡村的牲畜、家禽、花木。而这种背

1956 年，白石老人与国际友人

《蚂蚱图》（局部）

景，是绝大多数成长于城镇的画家只能借助于别家的画稿，从根底里无法弥补的。其他的画家，即便通过某些途径有所弥补，但心态也是全然不同的。于齐白石来说，故乡的一切，都是跟他的生活息息相关的，牲畜家禽，一草一木，瓜果菜蔬，都来自亲眼所见，亲手所触摸。那种沾染着泥土气息的感受，哪里是能借助别人的画稿所能得到的。

自然，因为卖画，齐白石也有不少粗劣之作。齐白石一生数万幅画，卖画和应酬十有八九。画家有时候也不得已违心画画。一次有人非要齐白石画一条龙。齐白石自然不会见过子虚乌有的龙，这样的画，似乎也违背他一贯的不画未见之物的绘画原则。但齐白石毕竟是齐白石，只见他巧妙地在纸上画了一只花瓶，又在花瓶上画了一条龙。这也是齐白石跟其他文人画家截然不同之处。从这件事上看，齐白石亦具有相当巧妙的应变能力。这种应变能力，也是从家乡民间画

《竹院围棋图》 1910 年

《赐桃图》 1906 年　　　《拈花微笑图》 1938 年

师的背景训练下养成的。反过来讲，这种能力也造就了画家绘画的多样性和丰富性。

　　但是，我们知道，研究齐白石的绘画，在很多时候是要剔除那些应酬之作，耐心甄别其间的败笔和创新。他的许多画，即便是精心之作，也因为贫困和其他多种因素，在纸张和用墨用色上的无法讲究，甚或干脆就是不讲究，许多留存下来的画作都因材料的不堪时光而显现破败之相。张大千就曾经遗憾许多中国画家在用纸和用色上的不讲究，而导致画作效果的不能持久。这也是我们看到齐白石绘画时候的一个遗憾。不久前去看齐白石的画展，近百张画，大多都给人这样的遗憾感觉。若是当年有精良的纸墨，

这些绘画一定会呈现更好的艺术效
果。这不仅仅是齐白石绘画的一个
遗憾，也几乎是整个中国文人画的
一个遗憾。我们甚至可以推想，如果
中国绘画不是因为文人画的张扬兴
盛，而一直是职业画家的不断推进，
在用纸、用墨用色上十分讲究，可
能现在的中国画则完全是另一种风
貌。也许那种未曾出现的风貌，会
是中国绘画的更好风貌。文人画的
兴盛，独占鳌头，并统领大势，在发
展中国绘画的同时，也阻塞了中国
画多样化的发展道路，甚至可能是
更堪为日月写照的大道。这个遗憾，
也只能遗憾了。

　　齐白石的文人画修习，在他的某
些早期花鸟画里已经可以见到吴昌硕
和八大山人的韵味。1892 年，齐白石
画的一件扇面《佛手花果》，以没骨法
小写意画出，颜色富丽温煦。清雅的
淡墨草叶，叶筋用浓墨勾出；佛手瓜
略以淡墨的线勾出，点染以色泽妍丽
的鲜果。整个画面都是文人画气息，
而又平和亲切。这件扇面，当是给湘
潭一带文人雅士所绘。齐白石当年这

《花猫戏蝶图》 1954 年

类风格的小写意作品，除却扇面，小幅的花鸟还应该不少。由此一类作品，到后来的转化为研习吴昌硕，借吴昌硕而打破原本的孤寂冷色，而在自己野辣生机中呈现金石富丽的风韵，其实可能渊源已久。

1896 年，齐白石画《三公百寿图》，虚实相宜，姿态各异，尤其是那只欲斗的公鸡，神气十足。从这幅画来看，齐白石已经是深知书法中的"欲下先上，欲右先左"。画面左侧那只公鸡，似乎正要向画外走去，却忽然回头 —— 其实这只好斗的公鸡向外走，不过是佯装。稍稍向外的踱步，不过是准备回头的序曲。随着公鸡左爪的内挪，右爪迅疾挪了过来，而随之而来的是公鸡的头部，公鸡暗自低着准备随时进行攻击的尖利的喙。与之呼应的是画面右面的那只含而不露，似乎心中早就有数的公鸡。中间那只公鸡，齐白石有意用墨线勾成。这只白色公鸡的"虚"，在两只似乎随时就会斗起来的公鸡之间，形成了一个巧妙和谐的"隔"。所谓的力量，均衡的画面力量，在这里巧

《三公百寿图》 1896 年

妙地呈现出来。所谓精心，即在此。所谓的"乱而不乱"，高妙的画家全然可以通过不经意之处，巧妙地布置而完成。

另一件1895年的写意水墨《柳牛图》，笔墨的根蒂似乎在八大山人那里，但是八大山人的冷逸并未影响到这样的绘画。近乎冷逸的笔墨，在画家的初春回忆里，变得那么温暖。两头牛，一静静伫立，一卧而似乎正要翻起。两头牛相互呼应，生机无限，似乎正感到这新春的绿意。画牛的水墨，浓与淡，都显得饱满。画家对水墨在宣纸上渗化的把握，已经十分娴熟。略略渗开的水墨，甚至能叫人感到牛毛细微的茸茸的感觉。柳枝约略枯淡，还是不离八大山人的意味，但是，毕竟是初春，且有两头牛欢快地在那里，画面就俨然是另外的意思了。白石老人晚年依旧喜欢这幅画，曾给好几个求画的人一再画过。

《柳牛图》1895年

《放牛图》1933年

《水牛图》1954年

齐白石1901年画的水墨大写意扇面《荷叶莲蓬》，简洁生动，亦神似八大。齐白石在扇面上题跋曰："辛丑（1901年）五月客郭武壮祠堂，获观八大山人真本，一时高兴，仿于仙谱九弟（胡沁园之子）之篦上，兄璜。"齐白石远游之前，已十分喜欢八大山人。心之追慕，而暗暗学习。

齐白石画牛，也有传承，其中乾嘉年间的湘潭民间画家、画牛名重一时的王可山对他有很大的影响。在恩师胡沁园家里，齐白石也看过许多这位王可山画的牛。对于牛的这种记忆，一直延续到齐白石的晚年。齐白石69岁画《放牛图》，牛为远景，五头大小不同的牛，各具姿态，但是齐白石特别注重借助牛扭头的那个动作，有点夸张地画出牛顽皮有趣的似乎有意识亮出的牛角。画的近景则以近乎三分之二的画面，画出略显娇艳的花树。整个画面，似乎是画家在远处的遥望。白石老人在晚年回味的时候，会想起他童年时候放牛，看一眼在不远处吃草悠游的牛，又低头看手里捧着的书。

70岁的时候，齐白石画了《牧

童纸鸢》，画有题跋："牧童归去纸鸢低。寄萍堂老人思回故乡句也。"

78 岁那年，老人再次画《夕照归牛图》，画面静穆安详。所谓"夕照归牛"，也即是思念故乡。"归去来兮"，老人的心境也是如此的吧。多半生的漂泊，老人是多么渴望归去。

白石老人晚年写有《忆少年》：

> 百梅祠外塘头眺，
>
> 十字坡前牛背眠。
>
> 往事重寻难再梦，
>
> 心随鸿雁渡湘烟。

也曾因出游写下《游西山道中羡牧牛者》：

> 万柳枝疏见草坪，
>
> 满天云雾失晴明。
>
> 牧童手有犁牛在，
>
> 只有农家心太平。

这些都是对故乡依依不舍而又不能不舍的怀恋。沈从文的墓碑上，黄永玉写下了沈从文生前的话："一个战士，要么战死沙场，要么回到故乡。"而齐白石知道的是，他既不能战死沙场，也不能回到故乡，只能是寄萍堂数千里之外

《凌霄双蝶图》 1934 年

的漂泊寄萍。可是，也正是这种"飘萍"，才让画家在情感上能够有更深的投入，"此中有真意，欲辩已忘言"那样的投入。

研究齐白石的画，研究他的身居异乡，他对故乡风物的留恋惦念，他的无望无奈，他的孤独，应该是一条解开他的绘画内涵的线索。

乡间贫苦生活不仅影响到齐白石的生活态度，也影响到他的艺术态度。

他在《自述》里有这样的话："我不希望发什么财，得到一点润笔的钱，就拿回家去，奉养老亲，抚育妻子。只图糊住了一家老小的嘴，于愿已足。"

《润例》1948 年

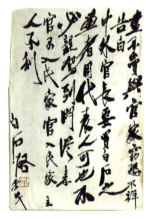

《告白》1942 年

齐白石的小儿子齐良末回忆父亲说："经济上他很拮据。他也是考虑到今后，他有两家子人。家乡那些人都没办法了，田地也没有，什么都没有，也没来源，常常有时候亲戚会到北京来看他，临走时候带点钱走，那也是有限的，没办法。他不是不知道。所以这两家的困难都压在他一个人肩膀上，他的压力是相当沉重的。"

在齐白石的纪录片里边，他身上挂着一大串钥匙。他管这个家，早晨起来他会去把大门开开，晚上亲自关门。屋子里的哪个抽屉里放什么东西是很有数的，他闭着眼睛都可以找到自己的东西。

很多人不能理解齐白石在门口和客厅里都贴着卖画刻印的润格，诟病于老人的咨嗇。他们哪里知道齐白石的生活，知道他的艺术道路是怎么走过来的，若是真的知道，就不会怪罪了。

我们还是录几则齐白石的《润例》和《告白》。这些文字不仅可以见其性情、心境，也可见得白石老人耿直，见其苦涩的幽默。

1920 年："卖画不论交情，君子有耻，请照润格出钱。庚申秋直白。"

1920 年："花卉加虫鸟。每一只加十圆。藤萝加蜜蜂，每只二十圆。减价者，亏人利己，余不乐见。庚申正月初十日。"

1922 年："有为外人译言买画者，吾不酬谢。"

1932 年："去年将毕，失去五尺纸草虾一幅，得者我已明白了。壬申。白石老人。"

1940 年："绝止减画价。绝止吃饭馆。绝止照相。自注：吾年八十矣。尺纸六圆，每圆加二角。卖画不论交情，君子自重，请照润格出钱，切莫代人介绍。心病复作，断难报答也。与外人翻译者，恕不酬谢，求诸君莫介绍，吾亦苦难报答也。"

齐白石篆书对联 1936 年

齐白石篆书对联 1951 年

齐白石的润格《告白》，也有例外。1941 年："凡藏白石之画多者，再来不画，或加价。送礼者，不答。介绍者，不酬谢。已出门之画，回头补虫，不应。已出门之画，回头加题，不应。不改画，不照相。凡照相者，多有假白石名在外国展卖假画。厂肆只顾主顾，为我减价定画，不应。九九翁坚白。"

最后的《告白》，竟然要用到"坚白"二字。其实，这样的润格告白，内里也应该是辛酸以至于无奈的。

对齐白石的卖画，齐良末说："应酬之作是有，因为有些他不喜欢的，人家非强买强卖这一类的，他不得已也画。比如说画一个虾 10 块钱，举个例子啊，两个虾就是 20 块钱。人家说了，我没有那么多钱，只有 15 块钱，怎么办？他就这样了，那边画一只整虾，那上头再

《香畹吟樽图》1910 年

画一个虾脑袋半拉，15块。他就这样的，常常有。所以有时候那一张纸四尺长，右下角底下就画俩小鸡。四尺长条一尺宽，左上角写着白石老人四个字，中间全空白。因为人家不给钱，给的少。这类画现在成了了不起的绝版画。人家觉得好像这个白石老人当时怎么设想的这个呢？其实不是，就是说那个人不给钱。我父亲说，您哪有这样做的啊？你弄那么一张纸来逼着我这么来弄，我给你画俩小鸡就完了，别的没有。我父亲是很执著的一个人。"

《松鹰》

还有一件事情。1921年，齐白石从北京到长沙，遇到老友索画，老人欣然画了给他。第二年，齐白石再到长沙，这位朋友照样又拿着画纸来索画。齐白石画完后，上面题写了一首诗：

《双蛾》1941年

去年相见因求画，今日相求又画鱼。

致意故人李居士，题诗便是绝交书。

生活的压力，深深地影响到了齐白石的意识和行为。记者采访齐良末的时候，两人有一段有意思的对话。

齐良末："他不可能存银行，他不行。"

记者："那时候没有银行意识是吧？"

齐良末："没意识，谁想到银行什么啊。"

记者："东西都放在身边？"

齐良末："就在院子里头。就这么大一木头疙瘩，这么高大的，宽大的，大木头疙瘩。平常谁也不注意，就扔在院子里风吹雨淋日晒都没事。后来有打鼓的买破烂的过来，我妈妈（胡宝珠）一看这东西没用，就换点火柴。那叫举灯，换点东西得了。破木头有什么用？那么大，劈又劈不开，那么大那么硬，大树根一类的东西。我妈就给它卖了。卖了之后人家可能给点什么东西吧。我爸爸正巧回来。就说我爸爸不破财。我爸爸看见了，说，哎！这不是我们家的嘛。人家说卖给我了，我爸说那不行，你回来，这个我不卖。我还有用处呢。我爸爸给弄回来了。把这木头弄回来了，回来狠狠地骂了我妈一顿。说这个你怎么能卖？那里头藏有金条。他托人给弄的金条，他就怕别人弄，想扔在那不起眼墙犄角那儿。北院子犄角那扔着，风吹日晒都没事，放那搁着去吧。"

齐良末还回忆道："还有一个，我们家那院子，那房子该修理了。年久失修，政府说帮忙给弄弄吧。修理。那会我爸爸还活着呢。政府说修理，修理修理就拆吧，从上头拆拆，拆到墙到腰下头一点了，突然上头那工人就在那打起来了。大家伙说怎么回事？哎呦，那里有金条出来了。我爸爸在砖头里头藏了金条。我爸爸说别挖了，我爸突然又想起可能底下还有什么东西，别挖了，把那金条该弄回来。你们都

《红烛飞蛾》约 1945 年

走吧，这房不修了。从此我们家那房就拆到这儿，底下就没再拆，就重新给恢复了。"

乡间生活的贫苦，不仅影响了齐白石的行为、意识和生活态度，更重要的是一直影响着他的绘画。他的悲悯、善良、谦和、平静，都离不开过去生活的影响。解索他的绘画，这也是一条必然的线索。

但是，我们同样不能忘记的是，齐白石在京城的生活条件稍稍好一些之后，对来自湘潭的故人，甚至是平生未曾谋面只要是来自家乡的生活无告的人，一定慷慨解囊。齐良末回忆："除了自己至亲的这些人以外，只要是湖南乡下来的人，湖南老家来的人，能够到这儿说湖南话，能够通报我是在湖南什么什么地方的，然后回家可能没钱了，不够路费了，现在很难。我父亲有个不成文的规矩，就是先请你吃顿饭，然后拿出 50 块钱来，给你来交车费。那时候的 50 块钱是北京到湖南往返车票，还有好多剩余。我亲眼见过一个人，拿这个钱，我父亲给的钱，那手直在那抖。"

这也是他自己的一种寄托，与日常的吝啬形成了鲜明的对比。

齐白石的工笔草虫画，据张次溪《齐白石的一生》说，大约 1899 年，齐白石得到了长沙一位沈姓老师所画的草虫底本，始画工笔草虫。这个说法也许自有其道理，但无疑的是，齐白石的工笔虫草必然始于更早的对民间鞋样、帐子之类上的花鸟鱼虫的摹习。

1906 年，齐白石应师母的请求，画过一幅团扇《花卉蟋蟀》。整幅画大部分是工笔，但是花卉除了叶子，枝条和花朵则是小写意的笔法。从这幅画看，齐白石在绘画上是不拘一格的。可以设想，这幅画，若枝条和花朵依旧用工笔画法，则会显得呆板。这样的画法在画家之后的工笔草虫中一直延续着。

1908 年至 1909 年，齐白石已经在画极其细腻逼真的草虫。1909

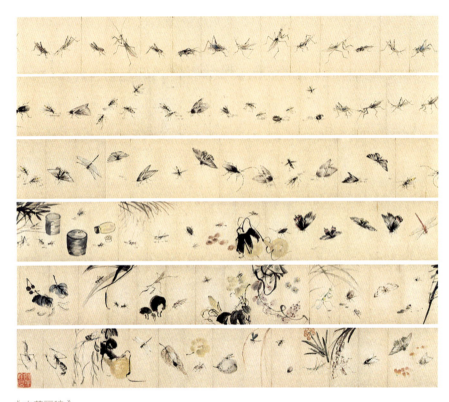

《虫草画稿》

《贝叶秋蝉》约1947年

年齐白石的一部二十四开
册页，展现了齐白石早年工
笔草虫的神妙，如《芙蓉蝴
蝶》《油灯秋蛾》《莲蓬蜻
蜓》《稻穗螳螂》皆一花一
草虫，形神肖似，并略见明
暗晕染。册页后面有一篇
长序："山野草虫余每每熟
视细观之，深不以古人之轻
描淡写为然。"

《螳螂稻穗》 1941年

《芙蓉蝴蝶》，蝴蝶极
其精细，一丝不苟，甚至芙
蓉的叶子也画成大略的工
笔，但是芙蓉花，则以淡淡
红色小写意法画出，再用工
笔的深红细线，细细勾勒描
出，花朵娇嫩，呼之欲出。

《油灯秋蛾》，亦精细
到几乎可以看见秋蛾腹部
的茸毛和薄而浮的粉。在

《莲蓬蜻蜓》 1941年

淡墨晕染明暗，再以墨线勾出的油灯的衬托下，整个画面的冷，因写
意的嫣红火苗而忽地温暖喜庆起来。

《莲蓬蜻蜓》，细微到翅膀的画法几乎是透明的，且在透明上纤
细可辨翅膀的细细结构纹理。尤其是在空中悬空停驻的蜻蜓的头，吻
部的细细牙齿，探出即将准备迎接落下的前爪，都纤毫毕现。而在下

《竹笋蚂蚱》 1941 年

《稻穗螳螂》 1894 年

面，等待着蜻蜓落下的莲蓬，则在大略的工笔描绘之下，略见节制的写意。莲蓬头根部的茸须，和秆子上的青嫩毛刺，都可以触摸那样，散发着植物的青涩饱满气息。

而《稻穗螳螂》，则在工笔中略显出螳螂的夸张意味。仔细观察螳螂的头面，可以看到这只螳螂前爪探出，正要捕获什么小虫子似的踌躇满志。大多数的工笔画，都追求雍容静穆，而失却了画面的活力。但是齐白石这幅《稻穗螳螂》则通过螳螂的爪子，以较为少见的夸张，显现了少有的活力。自然，这也与画家在乡间直接面对这些花鸟鱼虫写生的第一手体验分不开。带着泥土气息的螳螂稻穗，跟那些只是通过临摹而绘画的所谓画家哪里会是一样的呢。

这本册页，齐白石题诗曰："从师少小学雕虫，弃凿挥毫习画虫。莫道野虫皆俗陋，虫入藤溪是雅君。春虫绕卉添春意，夏日虫鸣觉夏浓。唧唧秋虫知多少，冬虫藏在本草中。"并有跋语："煮画多年，终少有成晓。霞峰前，茹家冲内，得置薄田微业。三湘四水，古意潭州，饱受名师指点。诗书画印，自感进益。昔觉写真古画颇多失实。山野草虫，每每熟视。细观之深，不以古人之轻描淡写为然。尝以斯意请教诸师友，皆深赞许之。远游归来，日与诸友唱酬。诗印鲜有暇刻。夜谧更阑，燃灯工写四月余方成卌又八纸。今择廿又四页，自订成册。昔虽常作工写，然多以之易炊矣，而未能呈册。此乃吾工写之首次成册者也。乘兴作八虫歌纪之。是为序。光绪卅四年腊月廿二日子夜齐璜呵冻自题。"

齐白石的画工虫，有其适应市场化的因素。即便是现在，绘画市场上亦有所谓画面工作量的说法。一味的写意，尤其是大写意，尤其是不够知名的画家，会叫人觉得画面的用工不够，从而影响绘画的市场价值。而一只精巧的昆虫，则叫人觉出画家笔下时光的流逝，也叫人觉出画家认真的写实，从而提高了所谓的绘画价值的"含金量"。

因为齐白石工虫的精微，以至于如今凡齐白石画展，如果展有他的工虫，一定有一种别开生面的特殊观赏方式，那就是在那些册页的旁边配备了放大镜。为了能使观众看清楚这些精妙绝伦的草虫的神态，人们竟然需要借助放大镜。在这些工笔草虫作品里，同样可以感受到的是齐白石秉性中非常细腻的一面，如果不是具有超乎常人的精微观察力，就不会对各种昆虫突出的生理特征了然于心。

画家杨晓阳评价齐白石的草虫时说："小蝈蝈、小蛐蛐这些东西都能入画，而且每一个东西都画得很好。我觉得他是天才。他是有独特的天生的感受。"

美术史论家刘曦林指出："他对草和虫在大自然中的生存状态了如指掌，视同自身。"

作为齐白石后人的齐秉正则说："他根植于这个农村里边儿。这跟他幼年的生活很分不开。他画得那些东西都是见过的。"

这些工笔草虫上齐白石的题款，这时也已经有意是金农的风格了。在许多绘画上，我们可以看到他竭力模仿的金农的小字漆书。齐白石曾说过，诗集的抄录最适宜于用金农风格的书法。他自然也是明白，工笔的虫草，题跋用金农的风格既洒脱又节制的书法风格是合适的。就齐白石的内心来说，金农风格的题款，也预示着他向文人画家的暗中转身，而急欲尽快脱离民间画师的身份。

搜尽奇峰打草稿

　　杭春晓在谈到中国文人游历的时候说："游历是开阔文人视野，体察人生际遇的一个重要的手段和方法。那么也就是说只有通过游历的这样的一个人，他才能打开一个非常宽阔的视野去认知世界。"

　　齐白石岂有不懂得"读万卷书，行万里路"的道理。"我不希望发什么财，只图糊住了一家老小的嘴，于愿已足，并不作远游之想。"

　　齐白石38岁那年，机会终于来了。那年秋天，改任陕西的夏午诒，他的夫人姚无双想学画，他遂想起齐白石。齐白石的老友郭葆生当时也在西安，怕生性固执的齐白石不肯去，专门给他写了一封信：

> 　　无论作诗作文，或作印作画，均须于游历中求进境。作
> 画尤应多游历，实地观察，方能得其中之真谛。故人云，得
> 江山之助，即此意也。作画但知临摹前人名作或画册画谱

《蜜蜂花卉》（局部）1938 年

1955 年，白石老人与德意志友人

之类，已落下乘，倘复仅凭耳食，随意点缀，则隔靴搔痒，更见起百无一是矣。只能常作远游，眼界既广阔，心境亦舒展，辅以颖敏之天资，深邃之学力，其所造就，将无涯涘，较之株守家园，故步自封者，诚不可以道里计也。关中凤号天险，山川雄奇，收之笔底，定多杰作。兄仰事俯蓄，故知惮于旅寄，然为画境进益起见，西安之行，殊不可少，尚望早日命驾，毋劳踌躇！

那时候水陆交通极为不便，行走缓慢，却恰好可以成为齐白石借机一路上画画的缘由。齐白石在《自述》里说："那时，水陆交通，很不方便，走得非常之慢，我却趁此机会，添了不少画料。每逢看到奇妙景物，我就画上一幅。"

这一年距齐白石临摹《芥子园画谱》已经过去了20年。对于一个画家来说，用20年的时间才终于有机会去游历，才有机会去师法家乡之外的自然，齐白石的这个机会实在是来的太迟了些。但是，当他一旦有了这样的机会，就自觉地把这次游历变成了他体验自然开阔眼界的一次艺术之旅。

一路所见所悟，齐白石方明白前人画谱的造意布局和山石皴法，都不是没有来历的。这年的秋天远行，齐白石画了很多，据他自己说，最满意的有两幅。一幅是路过洞庭湖所画的《洞庭看日图》，一幅是临近西安时画的《灞桥风雪图》。

一行逶迤到西安，已经是这年的十二月了。路上，齐白石思念老母，写了《长安远》：

万丈尘沙日色薄，五里停车雪又作。

慈母密缝身上衣，未到长安不堪著。

诗风朴素，深情而略有志忑。对于一个常年仅仅在乡间悠游的乡村画师，偶然的一次出门，竟然要走那么远，身心两者自然都是"不堪著"的。虽然一行旅途不仅经历许多名山大川，还历经了秋冬两季，看到无数在湘潭故里所不能见到的景致，但也不能全然弥补那种愧疚。在诸多画家中，于家于亲人其心常忧的人，其实是不多的。这种内心深处的情感，画家不仅透射到亲友到身上，也透射到他描绘的万物上，这是齐白石作品能够感染人的一个要素。画家的所有才情，不是冷冰冰的玄妙的笔墨，而是有温度的水墨，有温度的山水草木，这是别的画家很少具备的。即如张大千这样的画家，笔墨精良，少可挑剔，但是面对画家"炫技"的笔墨，我们在惊叹之外，很少会从心里真正感动。

"晚岁家益贫，日食苦不给，常私自忍饥，留其食以待孙子。"齐白石也曾给祖母写下《墓志铭》。悲悯之心为"善"，"善"也就成为齐白石艺术的一个重要来源。美有时候是轻飘的，而有了善，美就有了分量，可以立在地上给人温暖安心的分量。

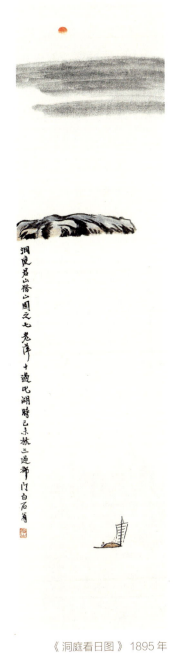

《洞庭看日图》1895年

现在的画家，有多少懂得这个"善"呢？

齐白石在西安见到了夏午诒和郭葆生，也见到了其时正恰在西安的旧友张仲飏。更为幸运的是，经夏午诒介绍，齐白石认识了陕西臬台樊樊山。樊樊山，字嘉父，号云门，一号樊山，别署天琴老人。光绪进士，曾师事张之洞、李慈铭，为同光派的重要诗人。

樊樊山诗风清雅，《望江南》云：

> 冰谷净，山里钓人居。花覆书床偎瘦鹤，波摇琴幌散文鱼，水竹夜窗虚。

齐白石给樊樊山刻了几方名章，樊樊山看了，大为赞赏，送了五十两银子，算作刻印的润格。樊樊山知道齐白石是靠卖画刻印为生，就给齐白石订了他一生中第一张刻印的润格：

> 常用名印，每字三金，石广以汉尺为度，石大照加。石小二分，字若黍粒，每字十金。

出游之前，齐白石在家乡都是画的工笔，即便在工笔之余偶有小写意，亦是较为收敛的画风。此一行的出游，加之在西安友人处有缘见到大量古今绘画，眼界打开，开始尝试着写意画法。同时，家乡到西安，由南向北，画家画了两个多月的大量写生稿，异样雄奇、陡峭的不同于家乡的山川河流屋宇树木道路，使得齐白石的绘画风格悄然发生了变化。

《山水》约1940年

第二年，也就是 1903 年，齐白石已经在西安住了三个多月。夏午诒因事调江西，要先进京一趟，邀齐白石同行。而樊樊山五月恰好也要进京。三月初，齐白石随同夏午诒一家进京。这也是他第一次进京城。"诽誉百年谁晓得，黄泥堆上草萧萧。"齐白石哪里会想到，他一个"天高皇帝远"的乡间画师，遥远京城竟然会成为他一而再再而三的谋生之地，甚至最终成为他的安居和安息之地。

樊樊山像

这年去京城，路过华阴县，登上了万岁楼，面对风景殊异的华山，齐白石见山势陡立，刀削一样，与故乡的山全然不同，感慨不已，遂画了一幅《华山图》。

华夏大地，虽根归之于一，然而天地之大，万象纷呈，华山的险峻，给齐白石留下了极深的印象。所谓南宗北派，非实地所见，亲自目睹，不会有如此深刻的印象。而这印象，也为他以后的山水，汲取北南的刚柔，柔而不弱，刚而不悭，提供了第一手的真切感受。

这一行，要东渡黄河，在弘农涧远望嵩山，齐白石则感到了另一种景致。

《山水》约1940 年

齐白石画了他此生的第一幅中原山水《嵩山图》。

　　齐白石初进京城，刻印卖画外，时常到琉璃厂看古玩字画，并结识了曾熙、李瑞荃、杨度、李筠庵等人。关于李筠庵，齐白石在一幅《秋虫图》上有题跋："余尝游京华，相遇李筠庵。伊为匋斋聘之，专购字画而来者。京华欲售字画者多旧家。筠庵每得真迹，必自先煮蘑菇面邀余同为拜赏也。"结识李筠庵，得以见识许多名家真迹，使齐白石收益很深。齐白石同时跟他学习爨龙颜碑，书风由此再一变。

　　五月，齐白石返乡，途中结识了不少人，其中过天津时结识的天津书法家、诗人赵元礼，后来给《白石诗草二集》题词："光怪新书画，沉酣古性情。"王湘绮则题词："妍媸可任人相说，得失由来心自

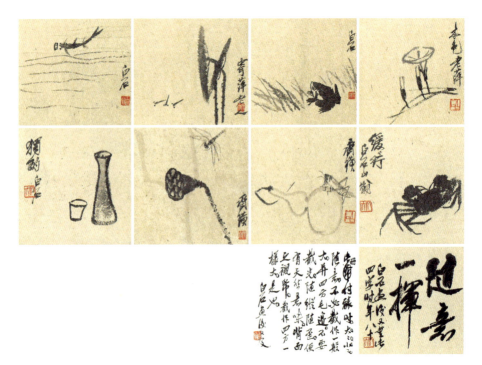

《册页》1942年

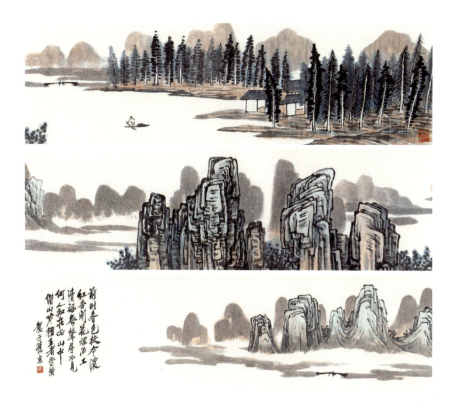

前时青包校人波
红青刚花烟江工
清福勢群春元免
何人知在此山中
借山其馆主書蜼蜼
農子樓京

《山水卷》

知。天外孤云云外鹤，空中来去总无羁。"道出了时人对他绘画的评价。之后，画家从天津坐海轮，过黑水洋，到上海，再坐江轮，转汉口，回到家乡，已经是六月炎天了。这一行，水陆转移，所见地理人情，风貌各异，齐白石借机一一写生存留。这次的出游给齐白石很深的触动，也由此开始初步影响到他日后的山水画风格。

第二年春天，王湘绮约齐白石、张仲飏游南昌，登滕王阁，过九江，上庐山。九江之浩渺，庐山之云雾，都让齐白石感慨自然的神奇无涯。

七年之后，齐白石画《借山图卷》系列时，没有忘记那一行的印象,画了《滕王阁》。

　　有趣的是,作为画面的主体滕王阁,齐白石仅仅在画面上画了极少的一点。在立轴这种特殊的中国绘画形式中,最为重要的主体,并非需要画在画面的中心位置。这跟西方绘画的焦点透视全然不同。《滕王阁》一画,虽然建筑本身只是在画面的最下部,占据了不足十分之一的位置,却无疑成为整个画面的焦点。从略微俯视的角度看过去,先是滕王阁本身,尔后是浩渺江面的"水何澹澹",再过去是江渚、树木,最后的远处,是延绵不断在雾气里半遮半掩的山峦。

《滕王阁》1952 年

　　我们不知道西方人会如何看待这幅画,但是他们的目光一定会在最后的游移之后,把目光投向这座在画面下部的滕王阁。他们也一定会惊讶如此小的、不经意的小小建筑,尤其是滕王阁跟整个浩渺江面和远处的山峦、天空相比,简直不成比例,却竟然会有如此的力量,磁石一般稳稳压住。

　　这种立轴的形式,尤其是大量的留白,在吴昌硕那里早已有极好的运用。齐白石在研习吴昌硕的绘画时,除了笔墨,在空间的构图上也多有所获。

　　中国画的形式,还有一种是自家独有的,那就是长卷。散点

透视的长卷，画家可以在画面上随
着纸幅的延长，以延续或是若断若
续（徐渭、八大山人都画过这样的折
枝花卉卷，齐白石也曾给东北博物
馆画过一幅）的形式，构成了极为奇
异的绵延不断的景观。观画的人，则
是随着画面的不断展开（若手卷展
开的地方不足，则是要在不断展开
的同时，在另一头不断卷上的），视
觉印象在刚刚看过的旧的记忆和新
的观看之间，奇妙地有着模糊的叠
合，而呈现出新的观赏效果。而这
种观赏，因为不能有一次性的满足，
观者会要求再次回到最初观看的地
方，再次在画面上进行新一次的悠
游。其实，不仅是长卷若此，较长
的立轴亦是，观者在较远处方能完
整地观看画面，而同时也会趋近了，
自上而下也自下而上地细细体察。
这两种形式的中国绘画，说是看画，
其实不若说是"读"画更为准确。
绘画的一次性效果，在中国画这里
是绵延不绝的，时间变得缓慢，甚
至将要停下来一样。

可惜的是，齐白石一生很少画

《山水》约1933年

《清平福来》约1934年

《盗瓮图草稿》1947年

这样的长卷。

　　出游，也训练了画家面对物象深入的、过目不忘的观察力。我们寻常有这样的经验，仔细看一棵棵树，有些树，比如白杨、槐树、苹果树、梨树，几乎每棵都长的近乎一样。不认真记，转身就忘了。但是眼力刻毒的画家，却能逐一分辨，即所谓的视觉记忆。那记忆是可怕的，那些不同的枝条，左左右右，斜插着的，交织着的，不同的，却也是必然的构成，都给那画家带走了。某些非洲原始部落，是不允许画家去的，至少是不准画家画那些跟他们的生活密切相关的动物植物。他们以为，画在纸上，也是可以带走的。

　　相同的树那么多，可是，也有些树，比如枣树，它们一棵和一棵，是各自的形态，竟然几乎是故意捣乱一样，各是各的样子。相像的树，完全不同的树，昭示了一些什么呢？谁能领悟这秘密，谁就洞悉了自然。而洞悉了自然的人，本身就已经是无须说些什么了。

　　齐白石在目睹自然万象的时候，以静默观，以静默悟，进而以静默纳入肺腑。齐白石的打腹稿和写生都是这样的对物象的静默体悟。我们在画家的许多写生草稿上，看到他对一些写生细部的标注，如某根线条不要，某种颜色加减如何。而这些草稿则为日后正式的创作，提供了精确的范式。如画家曾经反复画过《清平福来》，几页草稿，都反复掂量，到最后的创作成画，这之前画家已经完全胸有成竹，不仅是对构图，对用色，甚至对究竟应该用长短几根什么样的线条，淡墨或是浓墨，都早已经确定。最后的画出，不过是待精气饱满的时候，一挥而就罢了。

我们对齐白石的许多大写意画，总以为是一次性，一挥而就的。其实不然。画家留下来的许多精品，都是反复画了多次，多次在布局上调整，在笔墨上多次摸索，才臻至完善的。

也是在这年的七月中旬，汪颂年约齐白石游桂林。齐白石早就听闻"桂林山水甲天下"，遂欣然前往。齐白石《自述》里有："进了广西境内，果然奇峰峻岭，目不暇接。"尤其桂林气候多变，阴晴倏忽，更让齐白石倾心于水墨淋漓的摸索。齐白石后来画《草堂烟雨图》，心里该有桂林的蒙蒙雨意。这幅画最为绝妙的是，画面的将错就错，反而得到了意想之外的水墨韵味。

观颜真卿的书法，真正令人叹气抚掌的是《祭侄稿》。"贼臣不救，孤城围逼，父陷子死，巢倾卵覆，天不悔祸，谁为荼毒？念尔遘残，百身何赎？呜呼哀哉！"满篇情之迫促、激愤，于笔势迅疾之间毕见。尤其，凡误笔及不甚达意之

《桂林山水》约1924年

处，直接圈了便是，哪里等得及，直是要疾疾写了下去。整篇去看，若没那些疾疾涂抹了的，不成忧愤之《祭侄稿》。甚至那些误笔，现在看起来，痛心地说，真的是好。

而齐白石这幅《草堂烟雨图》，也是因此而满纸烟雨。水的缘故，一时不慎，不仅山石树木烟雨迷离，题跋亦直接染上"烟雨"了。可既是泱泱烟雨，人间哪里管得。山石树木"烟雨"了，岂有天上不"烟雨"的，那题跋自然也就给"烟雨"了。"墨气淋漓章犹湿"，水墨烟雨的高妙，是纸幅干了之后，依旧叫人感到蒙蒙雨意欲沾衣那样，似能见到湿湿的山石树木，向上的雾一样的水气，满纸弥漫。

有趣的是，齐白石大约收拾完了，甚至都钤了印，忽然发现，水

《草堂烟雨图》 1922 年

却也洇了题款开头的几个字，尤其是其中一个，几乎不复辨识，于是在落款"白石山人"之后，补写半句"墨浸者欢字"。齐白石写此，该是大有快意。

这画猛一看，有如废弃一般，山不像山，木不像木，可以随手弃了的。可是仔细咂摸了，越来越有味道。风雨味，山石味，树木味，俯下身子，使劲吸上一大口，舒服到肺里。

这幅画，也是白石"似与不似"的一种摸索。变化了的米家山水，看似闲在，亦不经心，却浑然有烟雨味儿，似乎手指一触，又湿又凉的雨意，就濡染在指头上了。

烟雨图，要感同身受，细心揣摩了，心里要如同在雨中一样，才能让观者在观画中感觉到画中的雨意，感觉到凉飒飒带着纸浆纤维的气息，水的气息，泥土树木的气息。

齐白石在桂林一直待到第二年才返回。桂林的山水写生，让画家在山水画的画面结构和皴法上，有了更深一步的理解。

他在桂林画的《独秀山》，是他以前所无法想象的。多半个画面近乎突兀地画出独独一座山峰，和山峰下的一所宅院。若非是在桂林写生所见，无法想象这样一座独峰，也是可以成画的。山峰的满纸突兀高耸，叫人想起北宋范宽的《溪山行旅图》（虽然，我们也许可以怀疑范宽这幅画是经过后人剪裁了的）。这种一山一水的构图，后来也形成了齐白石山水的主要构图方式。

齐白石的再次出游，是又一次去钦州。他去钦州除了卖画刻印，也许

《独秀山》1927 年

《层峦松屋图》1922 年

《雨后山卷》1925 年

还有一个暗中的想法，那就是再次悉心临摹郭葆生手里珍藏的八大山人、徐文长、金冬心的真迹。八大山人的高旷纵横大水墨写意，他的泼墨，取法自然、笔墨简练、独具新意的花鸟画；徐文长的写意水墨花鸟画，他的纵横奔放的气势，劲健的笔法，不拘小节，笔简意赅，他的多用泼墨；金冬心其画的造型奇古，善用淡墨干笔作花卉小品都一一入于齐白石法眼腕底，而成为他日后笔墨翻新、变化而自成一格的因由。

之后，齐白石又随郭葆生经过水路长沙、汉口、上海、香港、北海，再赴钦州，游广东肇庆、鼎湖山、飞泉潭，又去高要，游端溪。钦州辖界，与安南（也就是现在的越南）接壤，齐白石甚至趁机随军从东兴过北仑河，到了南岸，平生第一次游览了异域的越南山水。

齐白石画的《山水》，落款"璜时乙酉四月同客东兴"。齐白石游览越南山水，行旅异国，究竟画了些什么样的异国风物，我们知之有限。但是，从这一幅越南《山水》，我们看到齐白石兼以大小写意，融入花青的淡淡水墨山水，栅栏、树木、屋宇，除了一点坡石和屋瓦门窗外，均用没骨法写出。尤其是门前那株独独的树，大笔横抹的墨点显出夏日的蓊郁。更叫人觉得有味道的是，衬在远处的山石，直是大笔的粗略数点，不拘行迹，却耐人寻味。"粗枝大叶诗如画，天趣流行水涤肠。不食人间烟火气，乱山深处菜根香。"写下这样诗句的齐白石，已经深得笔墨之自在了。这样的画，来自八大山人，还是石涛？也许石涛的影子更为浓重一些。但是，我们不必拘泥究其根底。齐白石笔下开阖有度，传统文人画的精髓，已悄然进入了画家的内心。

也是在东兴南岸的越南，齐白石第一次见得碧绿映天的大片野芭蕉。齐白石借此景象，画《绿天过客图》。图上有题跋："芒鞋难忘安南道，为爱芭蕉非学书。山岭犹疑识过客，半春人在画中居。余曾游安南，由东兴过铁桥，道旁有蕉数万株绕其屋。已收入借山图矣。"（另一幅《绿天野屋》与此大致相同）

这件作品的艺术处理极为别致：碧色的芭蕉却全用淡墨白描勾画，再以凝重的墨线勾画屋宇，形成以白托黑、以淡托浓的强烈效果。两座远山，一施赭红，一施花青，则全用大写意没骨法画出，形简色艳。这种画法，在山水画史上是绝无仅有的。画家的大胆与特立独行，对形式感、现代感的创造性追求，足以令故步自封的画家们瞠目结舌。这也让人想起白石老人晚年颇为自得的诗句："胸中富丘壑，腕底有鬼神。"

画家笔下的芭蕉，在布局上"疏可走马，密不透风"，形态则"各有千秋，绝不雷同"。每一片蕉叶或掩或映，或争或让，或压或承，而最主要的是，尽管如此之繁杂，但绝不凌乱。如此复杂意象的画面，画家胸有成竹，拿捏从容，画家已经上了一个大境界了。

綠天野屋

壬桐傳家也
乙丑秋並題

《绿天野屋》 1925 年

这一行返回钦州，正值荔枝上市。从此荔枝也成为齐白石常画的果实。荔枝和樱桃，本色娇艳浓丽，也恰好成为齐白石以后变法中需要的色泽浓艳的那一类果实。画家知道，尤其是文人画，大率反对娇艳浓丽，以为非清淡枯涩不能显现文人高士清澄胸襟。其实，并非如此，唐宋许多大家，都有娇艳浓丽的诗句，关键在于品格高下。跟清淡枯涩相比，如何恰到好处地使用艳丽的颜色，得其鲜嫩生机而避其艳俗，亦是大家手腕。

1902年到1909年的八年间，齐白石的五次游历，足迹北至西安、北京、天津，南到桂林、广州、香港、北海、钦州、东兴，东达汉口、南昌、上海、苏州。其间途经湖南、湖北、河南、河北、山西、陕西、江苏、安徽、江西、浙江、福建、广东、广西等地。出行期间，齐白石作画不辍，可惜的是那些画作或卖或散，也由于行踪不定，留存下来的不多。许多画稿也大多近于速写，只有大致勾勒，但是特别值得注意的是，这些写生画稿上大部分都留下了当时题写的说明文字，这些文字对于我们了解齐白石山水画风格的形成和衍变提供了第一手的原始文本。他在《宁波画稿》上题："余近来画山水之照，最喜一山一水，或一丘一壑。"这种一山一水、一丘一壑的构图，表征似乎单纯，却非单调，而恰恰在精心的画面安排上反过来有着"以一当十"的空灵韵味。

观览了大半个中国的名山大川，领略了各地的风俗民情，结交各样人物，观赏临摹了大量名人书画，加之对各样的山川地理画了无数写生，对齐白石以后的绘画和诗歌创作都产生了深远影响。

乡居生活的画意

行万里路之后的齐白石，已经 45 岁了。乡间幽居，齐白石的内心宁静，平和，自足。"沾露挑新笋，和烟煮苦茗"，闲时"落日呼牛着小村"，种植蔬果，尽情享受田园风光。"茅屋雨声诗不恶，纸窗梅影画争妍。深山客少关门坐，老矣求闲笑乐天。"（《萧斋闲坐》）"白头一饱自经营，锄后山妻呼不停。何肉不妨老无分，满园蔬菜绕门香。"（《种菜》）正是齐白石当时画画读书幽居生活的写照。

他哪里知道，当时外面的艺术世界发生了怎样的事情。当时的北京，徐悲鸿作为青年学者，受康有为影响，写了一篇宣言，中间提出了让大家极其震惊的词，叫中国的绘画已经颓废之极糜烂之极，已经不可救药了。他主张应该学习西方的写实主义，融合中西画法的精华加以变通。

记者曾经问南海岩："徐悲鸿他为什么当时说出这样的一些话？"

南海岩回道："因为你看中国美术史，说从宋元明清一直是中国

1956 年，白石老人在创作

《桃花源》（局部）

画讲究用笔用墨的感觉。不管四王也好，还是黄公望，大家都是在笔墨感觉。笔墨是至高无上的。但是徐悲鸿觉得都是这么画，画竹子兰草，画山水，都是雷同。画画以后实在画不下去了。一点感觉都没有了。尤其是像当时已经到了20世纪初的时候，那个时候叫徐悲鸿来说，睁眼一看上海是这样，到北京以后还是这样。"

《山水》约1934年

徐悲鸿的绝望、愤怒是有道理的。死气沉沉的画坛，新的曙光究竟在哪里？在西方，还是东方？他是极其沮丧的。他的留学，也是一种反叛，为了中国绘画新生的反叛。他后来之所以对齐白石的评价那么高，其实主要是他认为齐白石为几近衰亡的中国画带来了新的生气，带来了那种"笔墨当随时代"的新的美学上的意义。所谓"物极必反"，这个"必反"，他在齐白石的绘画中惊喜地看到了。

但是，幽居乡间的齐白石哪里知道发生了这样的事情。他正沉浸在面对真山真水游历之后的巨大喜悦里不能自拔。他也绝不会知道日后他将会遇到陈师曾和徐悲鸿这样两个贵人。

《山水》

虽然，从乡间走出去又走回来的他，在民间艺术和文人画两者之间对于精髓的吸收，加上大量的外出写生，以及对熟悉的乡间风物的仔细观察，齐白石已经开始踏上了一条对于中国画的新路子的摸索。虽然，他自己也并不能清晰地意识到。一切都还在懵懂中，但齐白石知道的是，他得画出跟别人不一样的东西，既要好，又要出新。他确实是个不安分的人。

齐白石这一阶段的画，大多跟远游期间的写生所见有关。远游期间，齐白石主要是画山水。乡居的安逸生活中，齐白石认真总结这些年在游历写生、交接文朋画友中学到的绘画经验，并把这些心得融入他欲开创的古意新风的绘画之中，逐渐形成了他自成一格的山水画创作。如果说齐白石出游之前的山水，大略是模仿也不为过。而出游之后，齐白石借山借水，以真山真水化入心胸而自成风景。这些借山借水的绘画，最为重要的是齐白石的《借山图册》。齐白石说他"把游历得来的山水画稿，重画了一遍，一共画了五十二幅，并将其中选了二十二幅，编成《借山图册》"，这些画充分展示了画家在游历期间的所学所悟。

画家在《作画记》一文里写道："画中要常有古人之微妙在胸中，不要古人之皮毛在笔端，欲使来者只能摹其皮毛，知其微妙也。立足如此，纵能空前，亦足绝后。学古人，要学到恨古人不见我，不要恨时人不知我耳！"亦说过："作画在似与不似之间为妙。太似为媚俗，不似为欺世。"知古人心若此，得其大道，画家的妙悟已经很深了。

对于一个艺术家来说，创造、创新永远是第一位的。记者曾经就这个问题，采访了齐白石的孙女、也是齐派绘画的传人齐秉正。

记者："刚才您说他画虾的时候，原来是画草虾，是把草虾跟对虾结合起来？"

齐秉正："对。就是说移花接木。所以我觉着，他不是说画一个就胡胡乱乱地画了。不是这样的。他是经过深思熟虑。所谓的移花接木，就是把这个和那个结合在一块，然后他认为好。虾就是这样，那个草虾和对虾结合起来，这样他画的东西才更让人喜闻乐见，更让人喜欢。移花接木，我是怎么体会到呢？我画玉兰的时候，我说这个玉兰花哪有这样长的啊？北京的玉兰就是先开花后长叶，而且那个玉兰的花没有那么大。可是南方的广玉兰那个花就很大，而且是有花又有叶子。所以我爷爷呢，就把他那个南方的和北方的结合在一块，北方的没有叶子，他就把南方的广玉兰画到北方这个玉兰树上。然后呢，只画玉兰花，没有叶子。然后底下他再配牡丹，这样就很鲜明，很好看。"

记者："这就是似与不似之间。"

齐秉正："对，妙在似与不似之间。太似则媚俗，不似则欺世。是这么回事，你要说太像了，咱们现在都有照片，谁还要画干什么啊。但是你要那样的话，你生硬搬着，那就不是艺术了，就不是绘画了。那只是照相。但是他这个呢，要似又不完全是，就是所谓的写意写神。形要不要？要。但是形要随从于自己的神，这样才会更有力量。"

似与不似，从齐白石整理重画的《借山图册》，我们就可以知道，画家的这些话绝非虚言。我们略加描述其中的几幅画。

《借山图册》之四：

阔大江面，一望浩渺。江面上，一山远峙，山上唯一屋；江面近处，一扬帆孤舟；远天，一抹湿

《似与不似》

《借山图册》之三

《借山图册》之四

《借山图册》之十二

云，半遮朝日。画面洁净，空濛，用色淡雅。山、孤舟、云雾半遮掩的朝日之间，是大片的留白。而巧妙的构图，这种留白，甚至要比画面的实处更耐寻味。浩渺其间，似乎一切不见，然而似乎有丝丝渺渺在焉，欲令人注目许久。多一山多一舟，甚或多一云朵，多一字，都令人恨不删去。天地人三者，因为朝日、小山和小舟三者，不多亦不少而完备了。这种空白也成为日后齐白石绘画的特点之一。

《借山图册》之七：写生意味极浓。墨色浓淡之间，山峦起伏，溪流潺潺，小桥云霭。山环水抱之间，是一座衬以竹林的山居。此一幅纯然水墨。浓湿的水墨，叫人感觉出正是山里水汽蒸腾的夏日。山居一侧窗子开着，里面的几案上是清晰可辨的文房用具。大处水墨酣畅淋漓，小处亦经意写真，这也成为齐白石日后山水，甚至是花鸟画中工写兼具而

《借山图册》之七

第二章　草木何心苦修炼

两两形神具得的重要手法。收与敛，敛与放，必得收放自如，才能画出自然的境界。天与地，天之解放，地之收敛，大画家必定能聚集在手下尺幅，而得其自然开阔。

《借山图册》之十四：依旧是三者，近楼阁、中江渚、远山一脉，三者相辅相成。不同的是，作为画面的组成部分，远山只画了山根。似乎观者的目光，到了远山，即停了下来，而不得不把目光收了回来，重新放在江面上，而江面的意味则全然在那座只画了很小部分的江边的楼阁上。以小见大，是齐白石这一类画的要旨，尽其可能把画面的主体缩小，反而能因这缩小，愈显得重要，也成为齐白石构图的要诀之一。

可惜的是，齐白石有几幅画（包括1910年的《滕王阁》，尤其是此一幅《借山图册》），江边的楼阁都似乎在数次装裱的过程中，因为什么原因，在下部稍多地裁去，而导致建筑本身下部的稍稍逼仄。

画家乡居期间，《石门廿四景》是另一组重要作品。

《山居图》约1915年

"朋友胡廉石把他自己住在石门附近的景色，请王仲言拟了二十四个题目，叫我画石门二十四景图。我精心构思，换了几次稿，费了三个多月的时间，才把它画成。廉石和仲言，都说我远游归来，画的境界，比以前扩展得多了。"

当年齐白石创作《石门廿四景》的过程，我们已经不得而知。与相对物象单纯的《借山图册》比较，更早一些的《石门廿四景》在某种意义上讲有画家在想象上的创造，也不时有画家临摹某些古画记忆的浮现，加上实地的写生、观摩，这些创造和记忆不时交叉显现，从而构成了多样化的画面构成。

《石门廿四景》之二的《古树归鸦图》，画面细腻，设色淡雅。但是，挑剔一些说，如果忽略画面上部和右边敞开的空间，几乎是完整的古画复制品，甚至题诗也是旧格调："八哥解语偏饶舌，鹦鹉能言有是非。省却人间烦恼事，斜阳古树看鸦归。"

《石门廿四景》之三的《石泉悟画图》则令人感觉一新。虽然画上的山石是古老的荷叶皴，但是以一片荷叶"覆盖"一整座小山的皴法处理，则是齐白石的创造。画家只不过是将一片荷叶放大，更加细密了荷叶的筋络而已。这样的处理，不仅有古意翻新，而且有山石笔墨的"荷趣"。

画家后来一些山石的笔墨处理上，也有这种方式的衍变。某些画里的山峰，全然不顾山石细部，只用几个米家山水的大水墨横点处理，或者干脆就用深浅的墨简直涂抹，一点也不顾忌什么皴法。这种全然是大笔水墨的皴法，也许可以称之为"没骨皴""无皴之皴法"吧。这样的山石处理，是画家的独造。就审美来说，除了笔墨上的新意，其中的一个奥秘也是以粗笔映衬画中屋宇和人物的精细。大处放，小处收，开阖有度，才是画家所追求的。

《石泉悟画图》甚至还带有一些现代写生的意味。朝阳升起，天边是暖色，而温煦的天光下面，黎明尚早的缘故，远处的山峰还是冷色。这冷色也在另一面衬托了朝阳映照的天色的暖。

《石门廿四景》之四的《甘吉藏书图》，则完全是近乎工笔那样的细致精微。本应是用界画方式表现的藏书楼，画家用自然的精细

《古树归鸦图》 1910 年

《石泉悟画图》 1910 年

《甘吉藏书图》1915 年

线条，精心勾写，片瓦毕现。二层楼阁窗内的桌椅，书桌上的书本、砚台，笔筒和笔筒里的毛笔，都清晰勾写到历历在目。而三层，也就是最高处的阁楼里，一摞一摞整齐码放在那儿的线装的书，也同样清晰可见。为了免于藏书楼在画面上的单调，画家有意画了半遮藏书楼的丝丝碧柳。隐现之间，不仅叫人觉出春意的蕴藉，也让藏书楼更显得藏书万卷不可历数。柳树的画法，极其细密，虽然是以小写意的画法画柳枝柳叶，但是一丝不苟。藏书楼的清晰墨线和浅褐色的晕染，也与柳树的柔和碧绿相应相和，和谐浑然。

　　幽居期间，齐白石在山水画上下工夫较多，但是也画了许多花鸟。

画家在写生稿《芙蓉》上题跋："丙辰（1896年）十月第五日，连朝阴雨，寄萍堂前芙蓉开，令移孙折小枝为写照。"出游期间，齐白石感叹"万物霜天竞自由"，多样性的写生，于物象千姿百态阴晴雨雪四季姿态的揣摩，更加让画家笔下信手拈来那般自如。

画家的用色，已经有了自己悉心的体悟。他在1930年的《写意画用色》一文里总结道："此余用丹青之己见也，未假古人欺世。"比如在谈及红色时，他说："昔时之胭脂，作画薄施，其色娇嫩；厚施，色厚且静，惜属草产，年久色易消减。外邦颜色有西洋红，其色夺胭脂，余最宝之。曾于友人处见吴缶庐所画红梅，古艳绝伦，越岁复见之，变为土黄色，始知洋红非正产，未足贵也。"画家后来所画樱桃、荔枝乃至寿桃，红色妍丽，越岁而不减，当有自家秘方。

除了妍丽的荔枝、樱桃，齐白石也画过不少柿子，满树的，和单独的几个。柿子的红，齐白石是用心体悟的。他知道那红难以描述，也许可以叫做"柿子红"。随着柿子的成熟，颜色在悄然变化。浓的绿经霜的杀打，隐隐含着黑铁那样，渐渐转成素白的绿，再就不知不觉稍稍染了霜白。霜白里的红，悄悄就浓了。

《棣楼吹笛图》1915年

《石门卧云图》1915年

《事事如意图》

《果篮荔枝图》

柿子的红是微微矛盾着的，些许奇怪，就如同最初，世界最初的某一种红，石头一样，生生冷冷的，不知不觉就在霜白里红了，暗暗生着一点点不易觉察的微微的暖。画家在这一点上是厉害的，红色里，适当调上一些墨，深浅的墨，所有的柿子红就都出来了。这也和高手的烹调一样，要甜味，是需要微妙地调上一点盐的。甜的味道，是隐含着的，是复合的，又觉不出盐的痕迹。如此的用色，近乎道了。

幽居期间，画家可以有更多的安闲时间用心画自己喜欢的画。我们可以想见这样的场景：

着灰长衫的画家在案边喝茶，随手翻一卷书，也偶尔凝神想些什么。忽然间，画家拈起斜搁在砚台上的笔，匆匆蘸几笔，也蘸点水盂里的水。墨与水，多少无算。稍稍按住纸，笔就上去，兼风带雨。中间稍稍顿一下，换一支笔，蘸一点朱红，一点头青，一点赭石，都随意。

几乎只是瞬间，该有的都有了。一枝水墨的石榴，细长的枝条，几片叶子，两个石榴。近乎玄妙的是一个表皮稍稍干硬的石榴，那一块干皮，水墨绘就，却俨然没有一丝水分。似乎触上去，会觉到那一点"干硬"。另一个开口的石榴，红的籽，晶莹剔透，石榴红色，湿润润的，要洇了那纸呢。要两个石榴，才完成了这画。一个饱满，圆满，密封着的，一个神秘的小宇宙。另外一个，打开，说话，会让人心疼那样的话。

除了画画，齐白石这几年依旧在临摹上下着别人所不能下的"笨"工夫。从遗存下来的临摹稿看，1917年，齐白石还在精心临摹金冬心的白描册页。这种老实的工夫，画家一直延续到晚年。

幽居十年，亦是齐白石尽心用力于画画刻印读书的十年。关于读书，清人唐岱以为凡学画者至少应该读的有，唐王右丞《山水诀》，荆浩《山水赋》，宋李成《山水诀》，郭熙《山水训》，郭思《山水论》《宣和画谱》《名画记》《名画录》等不下数十种；并说，"欲识天地鬼神之情状，则《易》不可不读；欲识山川开辟之峙流，则《书》不可不读；欲识鸟兽

《五世同甘芳》1936 年

草木之名象，则《诗》不可不读；欲识
进退周旋之节文，则《礼》不可不读；
欲识列国之风土，关隘之险要，则《春
秋》不可不读；大而一代有一代之制
度，小而一物有一物之精微，则二十一
史、诸子百家，不可不读"。

郎绍君在《齐白石早期绘画》中
指出："齐白石在近十年的幽居求索
中，读书、作画、学习传统，提高修养，
基本上完成了由民间画家向文人画家
的转变，即在生活方式上、感情方式和
艺术趣味上，转向了文人艺术家。"

有人以为齐白石并非读书极多之
人，但是慧根很深，读书可以举一反
三，才是他成功的要诀。有一点可以指
出的是，把书读活，读而思，读而审，
读而逆反，也许才真正是齐白石的独家
法门。

《荔枝蚂蚱》

第三章 ｜ 苦把流光换画禅

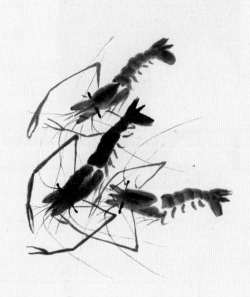

齐白石写过这样的文字：「夫画者，本寂寞之道，其人要心境清逸，不慕名利，方可从事于画。见古今之长，摹而肖之能不夸，师法有所短，舍之而不诽，然后再现天地之造化。如此腕底自有鬼神。」

寂寞之道与衰年变法

1956年，白石老人与胡宝珠

《蜜蜂咸蛋图》（局部）约1945年

齐白石《自述》："我自五出五归以后，希望终老家乡，不再作远游之想。住的茹家冲新宅，经我连年布置，略有可观。我奔波了半辈子，总算有了一个比较安逸的容身之所了。"这时的齐白石已然成为一名乡绅，作画之余，悠然地享受着乡间的闲适生活，仿佛全然忘记了外面的世界。如果说，他就这么安然自得，就此终老的话。那么我们也许会看见一个地方性的画家，我们知道的也不过是在地方志里有所记载的一个画家。但是，命运却给他安排了另一条路，更为艰险，一切都充满了未知数。

1913年，齐白石的次子病逝。第二年，六弟过世。之后恩师胡沁园去世。齐白石无以表达悲痛之情，精心挑选了 20 多幅得意之作，重新装裱之后，来到老师灵前，焚画祭奠。对于齐白石来说，胡沁园就如同他的再生之父。恩师的后事刚料理完不久，齐白石身边的世界也开始了烽烟动荡。1917 年，湖南兵匪交战，祸及湘潭。官匪四处抢劫，刚有点家产的齐白石终日惶恐不安。齐良末说到这段往事的时候说："他给人画像，画像的话，就用银元来画。人家的话，那会儿一块银元可不得了，在农村值好多好多钱了，结果他给人 20 个银元才能画一张像。所以后来人家就说了，哎呦，这芝木匠可厉害了，在农村发了财了，咱绑他的票去。这一说我爸爸害怕了。"

天命矣！也许是老天也不舍如此天才，就此终老。齐白石 53 岁那年，家乡连年兵乱，土匪蜂起。齐白石思虑再三，无奈只能下决心辞别父母妻子，独自动身北上。

齐白石安顿下来，即在琉璃厂南纸铺挂了卖画刻印的润格。齐白石自谓画格很高，但在当时的京城，不入时流。齐白石的孤寂，是很少人能理解的。他的画，即便是有人买，也不及其他画家画价的一半。然而，寂寞于画家、诗人又何尝不是好事？虽则这"好事"在坚持的韧性不足的时候，常常也会是毁灭。齐白石写过这样的文字："夫画者，本寂寞之道，其人要心境清

《葫芦虫蝶图》

《牵牛花》

逸，不慕名利，方可从事于画。见古今之长，摹而肖之能不夸，师法有所短，舍之而不诽，然后再现天地之造化。如此腕底自有鬼神。"齐白石以一民间文人底层画家之身，要在京城糊口尚可，可是要立身扬名，却无疑是"路漫漫其修远兮"。

齐白石初入北京时，虽然有北京著名画家金城、周肇祥、陈师曾等，组织了以"精研古法，博取新知"为目标的"中国画研究会"，但还是几乎可以用"萧条"二字来概括清末民初中国画坛的景象。大部分的著名画家在辛亥革命前已经去世了，只有吴昌硕为代表的海派画家和后起者以及岭南派的"二高一陈"的出现，才使得中国画坛有了生气。身居北京的画家大多恪守"四王"旧衣钵，齐白石的生野冷逸画风，自然少有人欣赏。

位于北京宣武门外教子胡同南端的法源寺，是北京城内现存历史最悠久的古刹之一。1917年夏天，在阔别15年后，53岁的齐白石第二次来到北京，就借居在这座古老的寺庙里。

齐良末说："最早在那个法源寺，后来又到石镫庵，都是没有办法。这儿借住，那儿借住。你比如像石镫庵，那是个尼姑庵，只能在门口。说不客气的，比要饭强点。我觉得应该说是北漂，而且是最早的北漂。"

虽然挂了润笔的笔单，但是他记忆中昔日的那个繁华热闹的琉璃厂如今已变得异常冷清。画卖不出去的原因不仅仅是因为动荡的世道，更重要的是，当时的北京画坛对他这个来自湖南乡间的画家完全不认可，甚至连他的名字都很少有人听说过。

画家冯远在记者采访中说："北京，在那个时候也是政治中心、文化中心，不那么容易接待一个来自乡下的农村画家，而且出身低微的画家。"

齐秉正对爷爷的那段历史也很感慨："那时候说实话也是两眼一抹黑，什么都没有。虽然他在湖南已经画得小有名气，但是到北京来谁认识你啊！"

齐大

齐良末在采访中也说："人家不知齐白石是谁啊。他那时候主要是给人刻图章、刻字。刻图章的话，收入点钱维持生活。"

齐白石初入京城的日子，不仅清苦，而且寂寥。闲坐无聊之时，小巷里叫卖之声也许会传入他的耳中。五月卖桃的唱："樱桃嘴的桃嗷嗷噎啊……"卖硬面饽饽者亦会唱："硬面俺，饽啊饽……"令人恍然，百感交集。

白石

虽然画作无人问津，但齐白石刻图章的本事还是为他挣了一口饭吃。渐渐地，没人再记得这个住在庙里的湖南老头还会画画，只知道他以刻章为生。实际上，他的

齐白石

齐白石印章

《大好园林》

篆刻艺术成就也是非凡的。他甚至认为，自己是诗第一，印第二，书第三，而画只排在第四。他对自己的篆刻技艺自视甚高。

跟齐白石有过交往的书法家欧阳中石，在谈到齐白石的篆刻的时候说："他和一般人不一样的地方呢，就是他突破了一般的规律，突破了一般的结构规律，突破了一般的用笔规律，突破了一般的韵味规律。他的构图，是了不起的。"

其实，早在二十多年前，齐白石就已经自学了篆刻的本领。他刻出的第一枚印章还是当年在胡沁园家学艺时，用临时找到的一把修脚刀完成的。他从临摹古人入手，经历了多年的演变，最终自成一家。也由于齐白石早年曾做过雕花木匠，腕力足，有手工艺基础，加之勤奋，因此形成了雄悍直率，不事雕琢，具有阳刚之美的篆刻风格。章法大起大落，疏密对比强烈，极富情感。正是这种积淀多年的超常技艺，不仅使刚到北京身陷困境的齐白石填饱了肚子，还让他幸运地遇到了自己生命中的第二个贵人。

京城，藏龙卧虎之地。齐白石留在琉璃厂南纸店的印章，偶然给陈师曾见到。陈师曾很吃惊，怎么竟然会有这样一个如此腕力遒劲的刻印人，遂特意到法源寺来寻找齐白石。晤谈之下，大为恨晚，竟成莫逆。

　　陈师曾在京城名声很大，善画大写意花卉，笔致矫健，气势不凡。齐白石拿出《借山图册》，请陈师曾指点。展读之下，陈师曾认为齐白石的功力很高，"齐君印工而画拙，皆有妙处难区分"，但劝他自创风格。陈师曾"画吾自画自合古，何必低首求同群"的话，深深触动了齐白石。此后，齐白石常去陈师曾的"槐堂"，与之谈诗论世。因与陈师曾的往还，还由此结识了神交已久的许多画家诗人。旧友在京的，也有郭葆生、夏午诒、樊樊山、杨潜庵、张仲飏。齐白石跟这些新朋旧友、文人高士经常聚谈，臧否人物，切磋诗画。齐白石这次到京城，虽然只有四五个月，但已经为之后的衰年变法埋下了引子。

　　作为海派大师吴昌硕的高足陈师曾，是当时北京画坛颇有盛名的大家。那么，这个初来乍到的外乡人究竟有什么特质吸引了他呢？

　　记者采访刘曦林的时候，他说："陈师曾是见过世面的人。上中专的时候和鲁迅同学，到日本留学，和鲁迅又是一个学校。日本的明治维新的思维方式影响了鲁迅，影响了陈师曾。陈师曾自己坚守文人画的立场，但是也知道艺术需要改革。这时候他发现了齐白石这样一个人。"杭春晓则说："陈师曾对于齐白石的这种推崇，是在于陈师曾本人对于这种比较粗放、荒野，那种用笔比较老辣放纵的这样一种用笔追求，本身就是陈师曾的追求。所以陈师曾才在这个追

《万竹山居》

1921 年，齐白石与胡宝珠

1945 年，胡宝珠与孩子

求中看到了齐白石的篆刻，以及在他的一些绘画中所具有的与他相类似的某种体验。"

齐白石《自述》里有："师曾能画大写意花卉，笔致矫健，气魄雄伟，在京里很负盛名。我在行箧中，取出《借山图册》，请他鉴定。他说我的画格是高的，但还有不到精湛的地方。他劝我自创风格，不必求媚世俗，这话正合我意。"

虽然陈师曾对他十分欣赏，但是北京给齐白石带来更多的却是别人的白眼和讥讽。很多画家不仅看不起他的出身，更看不起他的作品，背地里骂他粗野。连他自以为得意的诗作，也被认为是毫无规范的"薛蟠体"。

无人问津，遭人冷眼的现实虽然让齐白石感到十分痛苦，但是这种冷遇也开始触发了他对于自己艺术的反思。然而想要改变画风，独创新意，对于已经步入老年的齐白石来说谈何容易。

到了九月底，家乡乱事稍定，齐白石遂出京城南下返家。可是茹家冲宅内，已经给抢掠一空。齐白石后来有诗云"相怜只有芙蓉在，冷雨残花照小楼"，并刻"丁巳劫灰之馀"印，钤于残留书画上。

转年二月，家乡土匪再次蜂起。"愁似草生删又长，盗如山密划难平"。仓皇中的齐白石带着家人藏身于紫荆山下亲戚家，一有风吹草动，便"吞声草莽之中，夜宿于露草之上，朝夕于苍松之萌，时值严夏，浃背汗流。绿蚁苍蝇共食，野狐穴鼠为邻"。"骨瘦如柴，所稍胜枯于柴者，尚多两目而能四顾，目睛莹莹然而能动也。"（齐白石《自述》）

这一次的避居，从农历二月十五到七月二十四始归，让齐白石感慨"借山亦好时多难"，不得不无奈作出"欲乞燕台葬画师"的决心，在北京定居。

1919年正月，齐白石离开湘潭，辞别父母妻儿，孤身一人经长沙，抵达京城的时候已经三月初四了。京城友人杨潜庵已在法源寺为齐白石代佃了三间寮房。此时去，何时还？心境之苦涩哀凉，可想而知。一再回头的他，后来在一幅画上跋有这样的文字："安得手有嬴氏赶山鞭，将一家草木过此桥耶。"

这年，齐白石聘四川籍的女子胡宝珠为侧室。关于胡宝珠一事，有两种说法，都来自齐白石自己。齐白石《自述》有："不久，春君来京，给我聘到副室胡宝珠。"另一种来自齐白石《三百石印斋纪事》："（1919年）闰七月十八日，胡南湖见余画篱豆一幅。喜极。正色曰：君能赠我，当

《审音鉴古图》

《松屋图》

报公以婢 。""九月十三八点钟 。买车南返，至车站，胡南湖送宝珠来。"

哪一种更是实情，抑或是胡南湖相赠，齐白石原配陈春君只是行一"聘"的形式，我们不得而知。但是，齐白石自此不仅食能果腹、衣能蔽体，且温热冷暖就跟这位胡宝珠联系在一起。至于伉俪相携、梅香磨墨，则是后来的事情了。

返京定居，齐白石听从陈师曾的意见，有意放下八大山人冷逸一路，出新意变通画风。这年齐白石《为方叔章作画记》中写道："获观黄瘿瓢画册，始知余画犹过于形似，无超凡之趣。决定大变。人欲骂之，余勿听之；人誉之，余勿喜也。"同年又记："余作画数十年，未称己意，从此决定大变，不欲人知，即饿死京华，君等勿怜，乃余或可自问快心时也。"

白石老人的变法，过程也远不是后人想象的那么简单，也有反复，和经历反复后的所得。他尝在日记中写道："五年以来燕脂买尽，欲合时宜。今春欲翻陈案，只用墨水。喜朱雪个复来我肠也。"

可是，要想改变多年形成的画风，对于已经步入晚年的齐白石来

《耄耋图》1948 年

霜葉丹紅花不如八十七歲 白石

《秋蝉燕来红》 1947 年

三百石印富翁白石画于京华

《鲜蔬工虫》

说，又谈何容易。在性格的驱使下，齐白石仿佛又找回了当年做木匠的那股倔劲，从头开始，又一次走上了临摹之路。

与以往不同的是，这一次，齐白石把目光投向了当时最受瞩目的现代大师吴昌硕。他发现，虽然都是画大写意，但海派大师吴昌硕的作品却极受市场欢迎，尤其是他气势雄健、色彩浓丽的写意花卉，相比之下，自己脱胎于八大山人的简笔画法，却因为过于古朴冷寂，而不符合时下的口味。于是，齐白石以吴昌硕的作品为蓝本，走上了变革之路。他并不是一笔一画地对照原作临摹，而是着重体味吴昌硕的笔墨和用色特点，吸取其中的精华，加以改造，并请来陈师曾为他点拨其中的奥妙。

齐白石的"衰年变法"

主要是将传统中国画不可逾越的表现内容予以解构，破坏了它的仪式乃至制度。衰年变法的十年间，齐白石广泛借鉴了吴昌硕等人的含蓄沉厚相结合，终于创造出了饱含生命活力，富有民间生活意味，又不失文人画高雅气息的齐氏花卉。齐白石甚至有意在用色上下了很多功夫。为了改变用色，尤其是对从前有意弃之的红色，反复做了摸索。一次，买了胭脂，一试甚佳之后，次日"尽店家之所有买归，生平以来，买颜色大好而且多之快心，此第一回也"。也由此而开创了"红花墨叶"一派。

齐良末回忆说："他看很多很多的书，也借鉴很多前人的东西。吴昌硕他学的比较多，所以他的画很多都很像吴昌硕的。"

齐白石变革的中心是花鸟画，从借鉴吴昌硕开始，结合自身的特点，他逐渐找到了突破口。在通过对吴昌硕的吸收，到形成自己的面目的过程中，齐白石的书法篆刻，他的倔强的个性，从乡间带来的民间情趣和生辣之气，都起到了不可忽视的作用。南海岩评价齐白石的变法时，说到齐白石的用笔："到后来呢，他就是通过书法，后来的

《蜂蝶》

《兰草箭头螳》

《天发神谶碑》，开始用笔的偏锋、侧锋，找用笔的大刀阔斧的感觉。看和自己内心的感觉，心境不谋而合了。就是一骨子匠气，追人追不上，学人学不上，干脆就撂挑子。就不跟你玩了，我想怎么画就怎么画。这个时候就对《天发神谶碑》感兴趣了，就是天天没事儿就临这个，横就是横，竖就是竖的，褶的就是褶的，硬的就是硬的，就这么着。正好跟他那画不谋而合了，脉络是一致的。"

记者就齐白石的变法成就，和学者南海岩有这样一段对话。

《平安多利》 1953年

南海岩："最后的成就还是一种心性的自我阐述。就是发自内心的，我想怎么画怎么画，我愿意怎么画怎么画。你文人画所讲究的，这个地方要空白，这个地方是构图，这个地方要讲究形，这是三角的，这是什么形的。这个地方不能落款，也不能打图章，这个地方要空，下面哪个地方要留一个画眼。但是到他这儿，觉得舒服就行，不考虑那个了。你说这个地方留画眼，就不留，就是干脆半条鱼，或者鱼尾巴那么翘着，就完了。前面跑几条小鱼。在古代任何画当中，都是没有的。老头就是说想怎么画就是怎么画，这个就是不协调，不协调，那就不协调了。我这个老鹰，这个松枝，原来古代画松树，哪有画马尾松，那个松针都是一二十厘米长，他就敢画。

我觉得这样美，舒服，我就这么着画。这种线条，这种韵律和老鹰的笔墨，那种笔墨也是像野鸭子踩泥的那种感觉，啪唧啪唧的，就是那样去画的。他感觉这种东西放在一起，他感觉美，他觉得协调。"

记者："那么到了这个阶段以后，老先生从生活往事中间，他的生活阅历中间，就泛出题材了，就彻底脱出了文人画？"

南海岩："对，脱离文人画，想画什么就画什么。后来徐悲鸿请齐白石上美院去讲学，有些教授就看不上，就说这个老先生画的什么，简直是农夫拿的那个扫帚，刷锅台的。他这么去画画，哪叫画画呢？老头呢，正因为这样，才能成就了齐白石。他的画就是我自己内心的一种感性，心性的表达。"

齐白石在探索大写意的同时，同时创造了精巧的工笔昆虫加上大写意的花卉，这是齐白石独创的又一种样式，美术界把它称为"工虫花卉"。

在衰年变法中，齐白石偶尔会有八大山人风致的简笔大写意，对其超脱古拙的欣赏，这在一定程度上是齐白石研习吴昌硕富丽金石味的"矫枉过正"。在根子里，齐白石是一位来自乡野的画家，对自然的感知，更多的是对于自然界的欣欣向荣的草木的眷恋。心境郁闷之时，八大山人的风味，也许在一定程度上暗合于白石老人的内心，以其冷逸枯涩并八大山人的境遇，反而能以其冷涩的白眼抚慰了老人孤寂的心灵。齐白石的《山水》即是这样的作品，娴熟地将米家墨法和八大山人神韵结合起来。

现存的 1919 年齐白石参以八大山人风致的《秋梨细腰蜂》，堪称老人变法之后偶尔为之的冷逸风格的杰作。白石老人 91 岁时复题："此白石四十后之作。白石与雪个同肝胆，不学而似。此天

《秋梨细腰蜂》 约1919年

地鬼神能洞鉴者。后世有聪明人，必谓白石颇妄语。"八大之心，白
石老人于无意间得之，不学而似，当是自傲。内心机杼，八大贵胄，
白石一布衣，另有满足在。

　　此一幅画，虽白石老人如此说，但另有老人自家心意。画面正
中，一只安逸自足的硕大秋梨。秋梨皮色上，是不规则斑点，毛茸茸
墨般洇开，又止住似的。这梨画到如许大，若无斑点，光鲜或一团鸿
蒙，如何手底安下。白石有胆，不逾尺纸上，浓焦并举，虚实相间，赫
然落墨，若天然而生就。秋梨形状亦不圆，两头略凹，愈发显出秋梨
饱满。秋梨的柄，与秋梨相称，有点小霸气般"呼喇喇"生出。此一
秋梨，绝然摘下稍稍放置了，三五天，七八天，皮色上的水灵稍褪，而
皮色略略厚了韧了。这"陈"了一点的秋梨，是为了"新鲜"的细腰

蜂，为了那只早在老人心中隐忍欲出的带着刺的细腰蜂么？梨子的柄，也略有点"焦"的感觉，却依然坚韧，略微右斜而又向左曲弯，如探如迎。

秋梨上立着的细腰蜂，蜂之细腰，用焦墨，笔触犀利，真是细。触须、爪子、口器、腰，一律的细，恍惚给人感觉，刺一般尖锐，要细细地刺入，刺入那"陈"了一点的稍厚的皮，管它疼不疼呢。秋梨清凉甘醇的汁水，因着"陈"，因着夏的溽热，有点发酵，而略略如甘醇，而有着隔了一个尘世的醉意的。

细腰蜂亭立如兵，认真的可以。它的鼻息已经嗅到了潜藏在秋梨里面的甘醇汁水。它是先要尝尝呢，还是回去搬兵？都不是。它只是面对着，不露声色，它知道它的力量，不能动。

《岁朝图》

秋梨硕大，甚或俨然巨大。时间细细流逝，浸染了什么的流逝，久了久了，细腰蜂几乎给慢慢魇住了，失语了一样。失语的静，细腰蜂似一根根停滞的秒针，黑而细。

齐白石学八大山人，而能脱其形，得其心，才能会有此"妄语"。此一画，我甚至以为即便是八大山人也不能作。

齐白石变法的初衷，画风不为京人所喜，只是一个因素。更重要的是，经陈师曾的指点，加之五出五归之后在家乡幽居其间的反省，见识大开，也早已经不满意自己的画。陈师曾的话，不过是一个诱因。

《工虫花卉》

《墨兔》

变法之初，除了用色的改变，主要是摆脱"形似"，在笔下成就"超凡之趣"。

这一阶段的变法，齐白石依旧是"矫枉过正""物极必反"，从吴昌硕下手。虽然齐白石从前于吴昌硕用过许多功夫，但是白石老人这个时期，更多的是汲取吴昌硕的概括力、大胆的删减和他的笔墨韵味。

"扫除凡格总难能，十载关门始变更"。变法期间，齐白石把更多精力放在花鸟画上。这也许是花鸟画更容易有较大的变化,不仅是构图,更多的是可以在线条和笔墨上摸索玩味。

记者在采访画家张桐瑀的时候,他说:"实际上我们对齐白石的认识还是有误区的。我们一直强调好像齐白石就是写实,就是表现具体物象的,实际上不是。就是说虽然齐白石他笔下出现了很多白菜、老鼠一些平常的题材,和传统文人画表现不一样的题材,但是齐白石笔墨结构依然艰涩难懂。我们只是根据他笔下具体形象想象所画的这个物象背后的一些有趣的事情,一些审美,一些味道,但是他的笔墨内涵我们往往忽略了。齐白石的笔墨是难懂的。他没有游离文人写意这个范畴。重要所谓衰年变法,黄宾虹也有,齐白石也有。这种衰年变法几乎都是在最后的几年当中。实际上说穿了,那么衰年变

《飞花蝴蝶》约1947 年

《写意集珍册》约1947年

《雏鸡》1953年

法的本质是书法发生了变化，使得绘画进而产生了变化，并不是从绘画本身入手就发生变化。因为中国的书法和绘画这个紧密的关系，等于说人书俱老，人画俱老。到一定境界之后，当我们认识达到一定高度，我们的书法也会发生变化。书法发生变化，绘画一定会发生变化。所以对齐白石，我们有许多问题需要重新认识，这样有利于我们认识中国绘画发展。不然的话，仅从齐白石，从发掘题材扩大表现内容上去推导的话，会把中国绘画引上歧途。那样我们从城市到边疆，从农村到城市，从地球到月球，从南极到北极，就只要人类能到的地方就可以画，可我们把这些努力做完之后，依然没有太好的画家出现。这说明靠扩大内容题材，来扩大和扩充和促进中国画发展这条路值得商榷。"

张桐瑀更进一步地解释说："齐白石是运用了书法的一种笔法，只不过他这种书法是飞白学来的。我们看齐白石这个书法，运用飞白，一般人很难企及。我们发现他的绘画当中的飞白和书法如出一辙，如锥画沙。而且他的笔致当中，我们看到闪烁的一种晶亮透彻的光泽，这种光泽就是细细的飞白展现给我们的。这种透彻给人一种澄明透彻的感受。所以齐白石的绘画他是经过对传统绘画对书法上的修炼，使得

《猫蛙》1955 年

他的绘画变成了这种格局。如果舍弃书法，就没有他现在的绘画样式和风格。也就是说，他的笔墨样式靠书法来支撑，他每一步书法的变化，都会导致他绘画的变化。"

就齐白石绘画受文人画风的影响，记者问："但齐白石又不是一个传统中国文人。他后知后觉，包括他学习文化都是在别人启迪之下，而且没有文化氛围，而且都是自己，而且以卖画为画画的目的，这个跟黄宾虹不一样，黄宾虹是以抒发情怀，表达自我，这是中国文人画典型的，为什么说齐白石是中国文人画呢？"

张桐瑀说："齐白石虽然出身是所谓的农民，或者说木匠。但是他这一生不断学习，学书，学诗，临画，一点一点从农民阶层走上了文人阶层。从一个民间画工走上了文人画家的行列，他完成了身份上进行自我提升和转换，完成了他的所谓的风格的形成。如果没有这些修炼，他的绘画不会有多高的层次，不会达到如此高的境界。所以，我们往往说他是农民，或者说他一个木匠，这种认识可能偏颇。能画出这种画，只不过是出身贫寒，靠自修，靠努力，完成了文人画家的角色转换，才主导了现在中国写意绘画的方向。"

齐白石的衰年变法，一般认为他花了十年时间就完成了，但实际上，变革和创新持续了他整个后半生。

变法后的齐白石作品中无不交织着田园风情和文化韵致的双重身影。农民的拙朴和文人的飘逸，就这样奇妙地融会贯通了。后人都说齐白石的作品难学，技法高超固然是一个方面，其实更难的还是齐白石身上这种独特的杂糅气质，是时代和个人天赋的综合产物，难以复制。

谈到齐白石变法之后的大写意的时候，欧阳中石说到一次他在齐白石家里亲眼看老人画画的情景："我看到白石先生在作画的时候，他的大写意笔画很简单，大家一定想着他画的很快，实际上不然。我看他几次画，画的很慢，慢极了。他老在那思考。这一笔不动便罢，一动他就有个生活的气息在那发出来了。有一次我看他画小鸡。这张纸铺在他眼前，他把盛颜色的碗拿到手里头，笔沾着颜色看着纸，看着看着，一支笔在这个黄颜色里边调了又调。看着纸，不时用手呼啦一下，摆过手来这么看一看，又没画。端详了一会儿，画两笔，看了看又画了一笔。一会儿又用笔沾了黄颜色，用那个红的颜色在上边添了几笔。我一看，两个黄东西，一块大一点的黄，一块小一点的黄。大的黄里头抻出来，是两只脚。那个小的上面出来一点是那个嘴，我这才知道这是画的小鸡。画完了，他一点动静没有。他就看，戴着眼镜看。看了看，又在旁边添了一个小鸡。我不知道他添这个鸡要干什么。然后他又换上红笔一加东西，我一看，了不得了，等于这两个鸡说话了。它嘴冲着它，它嘴冲着它，像说上话了。哎呀，我说这艺术家太了不起了，用笔那么简单，可是画出来那个形象栩栩如生，就像活着的鸡一样。我太佩服了。我大气不敢喘，怕把他惊扰了。他这个眼睛的动，画上东西的动态，我佩服极了。"这样的画之所以吸引人，其实也是画家对民间艺术要素的吸收、转换、升华。

刘曦林在记者的采访中，也特意提到齐白石绘画中民间艺术因素的吸收和新造。刘曦林说："当他画家乡的红莲的时候，他不能用八大山人的水墨。他想画他自己种过的葫芦的时候，要把它画得鲜黄鲜黄的，也不能用徐青藤的水墨，而必须用墨和颜色的对比，而这些东西正是中国民间艺术的色彩。中国的民间刺绣，中国的民间年画，他在走乡串户的过程当中，他做的那些雕花，那些设色的漆器，也有这样一些特点。齐白石在图式上做出了大胆的变革，已经不是传统的文人画了，而是使文人画发生了现代的转化。"

杭春晓也认为："齐白石与众不同是带着乡间的田野气息去改造文人画的。"

借助民间艺术的滋养和后来文人画的营养吸收，齐白石用他一生的创作，阶段性地丰富了中国画的视觉形象和视觉程式。看看齐白石的绘画，我们可以感到他的艺术发展成熟的脉络。

1920年，齐白石画《花卉四屏》《芙蓉菊花》《蚕豆雁来红》《桑葚牡丹》《枇杷荔枝》，构图绵密，着色鲜丽，笔势沉着，已经有着吴昌硕的画法。这年冬天齐白石所作的《石榴》《花果四条屏》，构图饱满，也可以看出齐白石有意向蕴藉丰厚的画风改变。之后的《葡萄蝗虫》《丝瓜》《丛菊幽香》《牵牛花》则在构图笔势笔墨上更向吴昌硕靠近，更得吴氏神韵。

1921年至1922年间，齐白石的花鸟画更进一步，《宝缸荷花图》《茶花小鸟》《莲蓬翠鸟》等画，不仅吸收了吴昌硕花鸟画的精髓，已

《枇杷荔枝》

《莲蓬翠鸟》

经初现齐白石自己的大写意面目。尤其是《莲蓬翠鸟》，堪称杰作。聊聊数笔的荷叶，大笔横扫，真所谓的破形传神。向画面左上方伸出的莲蓬，稍稍向左上，即变化向右下。荷秆若断若续的横折处，一只翠鸟略显夸张的喙，伸向莲蓬。整个画面，活泼之极，真犹如在荷塘的瞬息一见而入画。叫人惊叹画家手笔之迅疾，似乎稍缓即不能，翠鸟即会倏地飞去，荷秆因翠鸟的飞去，复弹起来，瞬间，一切又都无声。整个画面，笔势迅疾，虽然只是尺幅，却画的酣畅淋漓。

在大写意、物象简约的同时，齐白石有时也一反常态，兴之所至，自然灿烂。1923 年的《秋荷图》，反简约之道而行之，近乎百分之九十全部画满。几乎是"密不透风"的画面，齐白石却能安排得玄机通透，水往风来，乱而不乱，另有一种生机四伏的平衡。

1925 年至 1926 年，齐白石多画大幅花鸟画，笔墨趋于老辣、苍厚，色彩强烈鲜艳。其中一幅《兰石图》，齐白石以没骨法瞬息写就的衬在后面若石柱的石头，那几根粗笔的竖线，在劲健的如铁笔般的兰草的横线"勾勒"下，由虚入实。虚实间的结合，产生纵横相交的张力。《松鹰》则以淡墨画松干，焦墨画细枝、松针，苍劲中显出空间层次。苍鹰用没骨法写之，浑厚而有力量感。

这些独辟蹊径的画法，表明了齐白石在汲取吴昌硕厚朴笔法的同时，又保留发展了自家刚劲挺拔的特点。

齐白石的山水画，早在幽居乡里整理出游写生、再度创作的时候，已经形成了自己的面貌。变法期间，虽然勤力于花鸟画，但是对于山水画亦从未间断。

1919 年的立轴《山水》，甚至将画面的留白推向了极致。画面不过朝阳、坡石、孤舟，加之题款，近乎百分之八十是留白。老子说："计白当黑。"敢作如此的留白，不仅要大胆妄为，更重要的是对画

《山水》1930年

面力量感的微妙平衡。留白而不"白"，"白"里面尽是图画。注目朝阳、坡石和孤舟之后，满目的虚空，有无之间，才真正是让人心满意足、其神在焉。

这种留有极大空白的构图，在齐白石山水风格成熟之后的山水画作里面，成为齐氏典型的独家法门构图。

1921年的十二开《山水册页》，其中一幅仅在画面上部画临水之山坡，余下的四分之三空白，则仅仅点染一孤舟。虽为册页，但是境界开阔。画家的题款甚至也不忍破坏了画面的空濛，只在右上角山石上题"白石"二字。印亦为了免于破坏空濛，而悄然若欲隐藏半钤在"白石"二字上。如此的构图，见所未见，而能平中见奇，空间极富变化。在笔墨上，随着画家书法的劲健，线条强悍简练，有金石味道。

1922年创作的《山水四条屏》，构图窄长，远山近树，竹林瓦屋，空间平深而高远。山头均成圆形，以勾勒加染或勾勒加泼墨的方法画山石，没有皴法和一波三折的变化，与时人的山水画拉开了距离，戛戛独造。《山水四条屏》中的《米氏云山》齐白石用他自己创造由米家山水演化而来的"雨余山"，笔法简练，水墨淋漓。这幅画极其胆大的是，后面两座山峰近乎全然墨色，而不失笔墨滋润和因雨水湿润的透明

《山水四条屏》 1922 年

感。山水立轴《雨后云山》亦是。

　　《山水四条屏》中的《红杏烟雨》一幅，更是构图拙朴，以粗大的泼墨横笔卧点画出雨中的山与树，再勾勒出远近屋宇。淋漓快意的泼墨墨点与屋宇的简洁线条，近乎无形的山和有形的屋宇，水墨韵味和线条的对比，构成了这幅画的独有意味。

《雨后云山》约1932年

之后几年的齐白石，山水画愈发成熟。远游的写生，异地的山水，都转而化为从心境自然而出的山水。齐白石的《桂林山》，采用极其少见的"宀"字形粗细线条，勾勒平地而叠起的山峰，并无皴法，配以白屋远帆，笔墨刚健挺拔，大异时趣。白石老人甚至有些得意地题跋："逢人耻说听荆关，宗派夸能却汗颜。自有胸中甲天下，老夫看惯桂林山。"这种山石的所谓皴法，全然是随物赋形，有胆有识的全新创造。

《鳞桥烟雨图》则以简练的披麻皴，加以水墨饱满的米家点组成。尤其绝妙的是画家对云雾的处理。远近的云雾以横着抹过的淡墨画就，再在淡墨上朦胧写上云雾之后隐现的柳树和山石，造就了画面的水墨层次的丰富。《雨后山光》又是一心境独造，浓淡粗大墨点横着若皴擦般成就了山水皴法的新创，和于自然而又独辟蹊径。齐白石甚至巧妙令人叫绝地借用生长在山上的竹子，将其细碎的竹叶宛如皴法般点缀。竹叶若皴法，皴法亦若竹叶，也许是可以戏称为"竹叶皴"的。

齐良末谈到齐白石的山水画的时候说："他画的山水比较直白。你比如那山，好像就是两笔三笔，画出一个馒头山来。人家别人在山上还有些树木啊小树啊郁郁葱葱的呀，他就是两笔，就是一个大山头。"

杭春晓在谈到齐白石的这种独创的时候指出："此前的山水画，那种石分三面，它都有一个相对的固定样式。在齐白石这里，胆大极了。这跟他做木匠不安分是一样的。远处就这么一个圆包包的山，几波水流，然后一个太阳就搁在上面。这时候你会感觉到一切既有的被打破，一种我们对山川、山水画的一种认知形态被打破了。他的一些老辣的笔触啊，大胆的用色啊，就成为了一个我们重新感受到一种鲜活力量的视觉经验。"

学者张晓凌则认为："他的山水画的格调是非常高的。虽然是一笔草草，不求形式，但是，山水的精神，山水的这种生命感，还有山水蕴含的齐白石的人格修养都

《鳞桥烟雨图》约1932年

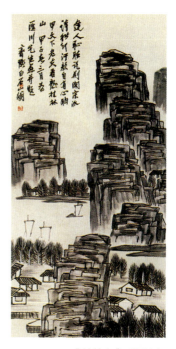

《桂林山》1924年

《山水》

在里面体现出来了。多一笔也没有，少一笔也没有，很率真。这是齐先生山水的一大优点。"

数年的京城变法，齐白石的大写意，逐渐得到了认可。在这同时，交往日深的挚友陈师曾给齐白石带来了他艺术生涯的又一个重要转机。1922 年春，陈师曾应日本画家荒木十亩和渡边晨亩邀请参加中日联合画展。陈师曾知道齐白石的价值，有意把齐白石的作品带到日本，为他的画去打开另一个世界。我们现在已经不知道陈师曾带了齐白石哪些画去了日本，仅仅知道陈师曾带去的是山水画。齐白石 1921 年的《山水》册页、1922 年的《山水条屏》中的《竹林白屋》和《米氏云山》，早已经展现出中国绘画的新意。若说《山水》册页还只是在画面空间上的高妙处理，那么《竹林白屋》和《米氏云山》则已经全然脱开了齐白石从徐青藤、八大山人、金农那里摹习的笔墨和构图，更在吴昌硕的笔墨之外，形成了齐白石自己独特的构图和笔墨韵味。而 1922 年齐白石画的《江上青山》和《碧波千里》，在一定程度上的推陈出新要走得更远一些。这两幅画的山石，变化传统的披麻皴，以粗笔率性地写出，洒脱而不失法度。《江上青山》设色清雅，极其洁净；《碧波千里》山石树木用色浓而不滞，尤其是水波，扬弃了古人画水波的程式，全然是齐白石出游时对水波写生的提炼。还有这一年的《五松图》，冲天而上的松树，只画了很少一点松枝，画面大部分是用浓淡不一的写意笔墨写出的松干。松干的皮色，画家在未完全干的淡墨上，用浓墨、焦墨皴擦。这些令人耳目一新的构图和手法，无疑会吸引大洋东边那些对中国古典文化有深入了解的日本收藏家。

陈师曾从日本回来，兴奋地说齐白石的画在日本大受欢迎。前去参观展览的法国人还选了陈师曾和齐白石的画转展巴黎艺术博览会。日本人甚至还想把陈师曾和齐白石的艺术拍成影片，在东京放映。

意想不到的海外收获，让齐白石的画在京城声誉日高。"从此以后，我的卖画生涯，一天比一天兴隆起来。这都是陈师曾提拔我的一番厚意，我是永远忘不了他的。"

这样自如的画，是应和于孔子所说的"绘事后素"的。孔子说达到了这样的境界，才"始可与言诗矣"。

令齐白石无限哀恸的是，就在陈师曾去日本之后的第二年，他外出在大连接到家信，因奔继母丧要到南京去，却在南京因病故去。无奈，才华横溢的陈师曾只活了48岁。

陈师曾跋《借山图册》 1917 年

陈师曾死后第三年，齐白石莫名生了一场大病。七天七夜，不省人事。齐白石笃信命运，病好之后，感慨地觉得自己是逃过了民间"六十三岁之火坑"的鬼门关。设若齐白石这年离开人世，他的艺术又该怎样评价呢？我们恐怕只能说齐白石已经画出了独具自家风格的画，可以赞许他的开山立派，可一定是失去了一位真正推进展示中国绘画崭新魅力的大师。

齐白石在京城的另一个重要收获，是认识了同样堪为知己的徐悲鸿。

著名油画家侯一民在谈到徐悲鸿为何会竭力推崇齐白石的时候，有这样的话："他看中的是齐白石突破传统的精神。齐白石把民间的艺术观念引入了绘画。徐悲鸿反对清朝延续下来四王那种完全宫廷化僵化的那种临摹，而齐白石对生活观察很细，画什么东西都是新的。"

徐悲鸿之所以评价齐白石是老画家中最具现代气氛者，正因为齐白石没有受过正统教育，所以不存在偏见，敢于挑战和变革。无论怎样，这位来自乡间的叛逆老人，在有意无意间，契合了中国传统绘画革新的命运轨迹，另辟蹊径，开创了中国传统绘画的全新境界。

为了打破僵化的文人画格局，鼓励发展中国画的创新，徐悲鸿下决心请齐白石在艺专任课。但是，这件事却遭到了艺专教授的反对。在他们看来，齐白石这个木匠出身的民间画师，技法混乱，题材驳杂，是没有资格和他们平起平坐的。但徐悲鸿却坚持认为，齐白石才是当今中国画创新的典范。

齐秉正谈到这件事情的时候回忆道："他开始很怵。因为他是真正自己自学的。人家别人都是学院派，都有什么正经的门派。"

徐悲鸿的儿子徐庆平还记得父亲对他说的话："那么齐白石

先生当时不敢接受啊，他说他从来没教过书。我父亲就说，你去了不用教，你就画，给大家看就行。齐老先生他不敢去，说我这么大岁数了，这学生闹起来赶我，我受不了。我父亲说我亲自来接你，接来以后我站在旁边，你画，我在那给你镇场。"

1929 年，徐悲鸿与齐白石

徐庆平很感慨："他对齐白石的称赞，是我见过的对艺术家的称赞里面最高的。无以过之的。他怎么称赞呢？这个齐白石先生在自己一首诗里面引了我父亲对他的称赞，他这首诗是这样的，他说：'我法何辞万口骂，江南倾胆独徐君。谓我心手出异怪，神鬼使之非人能。'我父亲称赞他到这个程度，说全社会的人都在骂齐白石，只有他一个人

1929 年，齐白石和徐悲鸿、周作人、李桦

在说齐白石了不起。说齐白石的身手是不一样，跟我们都不同。鬼神使之非人能，他不是一般人能够做得到的。齐白石则感激地说：'最怜一口反万众，使我衰颜满汗淋。'"

尽管徐悲鸿极力推崇齐白石，并亲自迎接他去艺专讲课。但是仅仅一年后，由于改革计划受阻，徐悲鸿愤然辞职，离开了北平，齐白石的教授生涯也随之终止了。

徐悲鸿与齐白石相识后即引为良师益友，每次赴西欧各国和苏联举办中国画展，都着力推荐齐白石。对此，齐白石非常感动。

两个人年龄出身、家庭背景绝然不同，艺术之路也不同。徐悲鸿

《持节寻旧图》1929年

主张借鉴学习西画的写实手法来改造日渐衰落的中国画，齐白石则是从中国画传统内部寻求变革。

在教学过程中，齐白石主张学生画熟知的物象，强调"凡大家作画，要胸中先有所见之物，然后下笔有神"。在对待传统上，强调"能将有法变无法"。在对待师承上，强调"学我者生，似我者死"。为鼓励创新，还在一位学生的画上题词："布局心既小，下笔胆又大。世人如要骂，吾贤休害怕。"齐白石的这种教学方式，让学生们学到了在其他老师那儿学不到的技艺。

1929年徐悲鸿辞职南返，齐白石画《持节寻旧图》表达思念之情。并在画上题诗："一朝不见令人思，重聚陶然未有期。海上风清明月满，杖篱扶梦访徐熙。"

抗战胜利以后徐悲鸿任北平艺术专科学校校长，又聘齐白石为名誉教授。1949年中央美术学院成立，继续聘齐白石为名誉教授。徐悲鸿每个月都把齐白石的工资亲自送到他手里。每年春节徐悲鸿都早起去给齐白石拜年。齐白石过寿添孙，徐悲鸿都有书画赠送致贺。一年春节，徐悲鸿夫妇派人为齐白石送上清江鲥鱼与粽子，并嘱咐烹制鲥鱼时"不必去鳞，因鳞内有油，宜清蒸，味道鲜美"，足见二人情谊之深。

徐悲鸿1953年去世后，徐家人没有告诉齐白石。过了一年，齐白石雇了一辆三轮车，由他儿子陪同亲自到徐悲鸿家里看望，才知道徐悲鸿已经去世了。齐白石叫儿子搀着他走到徐悲鸿的屋子里，在徐悲鸿的遗像面前深深鞠躬，说："悲鸿先生，我来看你了，我是齐白石。"

饱看西山

齐白石 1903 年第一次来京，到 1957 年离世，先后在宣武门外菜市口北半截胡同、法源寺、前门外西河沿排字胡同、陶然亭附近的龙泉寺、石镫庵、三道栅栏、高岔拉（后改称高华里）1 号、跨车胡同 15 号（今 13 号）、地安门东不压桥附近的雨儿胡同等十几个地方住过，而居住时间最长的，是跨车胡同，除了 1955 年在雨儿胡同短暂住过 3 个多月外，在这儿竟然住了 30 年。

1926 年，白石老人买下了这座安静的院子，并自题曰："铁栅三间屋，笔如农器忙。砚田牛未歇，落日照西厢。"

齐良末深情地回忆："跨车胡同 15 号，就是我出生那个地方。进门有一个院子，一个院子之后进去有个中院子。中院子有点空旷，有点土地，常常种点东西。然后向右一转弯就是北院子，就是正院子。北院子东西南北，我住在西厢房，我爸爸住北屋。东屋的话，那会有我那个大姐姐他们住过。南方的客人来，就是轮流着都在那个东屋里头住。东屋就等于是客房一样。那中院子嘛，然后往左边一角过去是我五哥住的左后边，往右边一角过

1929 年，白石老人与
美术工作者

跨车胡同 15 号
齐白石 1926 年在此居住

去，是我三哥的孩子住在那里面。住不少人，得有二十口子人差不多。"

这个时候，齐白石经济条件已经有了很大的改善了。尤其之前在林风眠、徐悲鸿和邱石冥的艺专做教授的经历，进一步提升了齐白石作为画家的社会地位。他在《自述》里颇为高兴地说："木匠当上了大学教授。"在艺专他还结识了胡佩衡。胡佩衡十几岁学山水画，十五岁后涉猎宋元山水，后又学习素描、水彩画和油画，尤注重写生。通过胡佩衡的画风，也让齐白石了解到了中西画风在中国水墨画里的融合。然而艺专的生活，

《紫藤》约1947年

更让他在与各类中西画法的接触、比较和深入了解中，坚定了他在传统中国水墨画上创新发展的信心。

《白石诗草》二集卷四《月季花》即是老人心境：

看花自笑眼朦胧，

认作山林荆棘丛。

独汝天恩偏受尽，

占他二十四番风。

所见愈多，齐白石愈觉得自己是幸运的。从胡沁园、王湘绮、陈师曾到徐悲鸿，他这一路走来，承受了多少

《蝗虫》局部

《玉米》约1948年

"天恩"，不能"占他二十四番风"，齐白石哪里会心有所甘而止步于此。

客居京华的日子，齐白石时常忆及乡间的岁月和风物，画了许多那样的画。齐秉正言及爷爷恋旧的时候，和记者有一段对话：

"我爷爷因为他生活、植根于这个农村里边。他这个画跟他幼年的生活分不开。他画的那些东西都是见过的，他画那个耕牛，你看他画那个猪，小猪，画的非常非常生动。有时候我觉得太绝了。还有他画的什么耕牛啊，还有那个农夫拉着那个，后边那个耙，就是那个种东西的那个耙，怎么往前走，这个人手拿着一个小棍去赶，非常非常生动。而且他画得很简洁，不是说画的很复杂。他画的风景，比如说吧，画的柳树，咱们看那个柳树，它是那种飘飘的。河边上那种柳是飘飘的，他几根柳条怎么表现出来，让你感觉这个风在吹，让你感觉哎呀，凉飕飕的，真是很好。"

记者："他的昆虫就画得很细。"

齐秉正："对。他观察啊，连昆虫腿上有几对刺，都观察得很仔细，所以他画出来的东西很生动。你看，蝴蝶、蛱蝶、凤蝶，还有那个，还有什么蝶，他画的很多。还有什么那个螳螂 —— 螳螂有秋天的螳螂，有春天刚长出来的螳螂，还有小螳螂仔，这些都画。"

张大千是有才能的，但是在观察自然上，却让细心的齐白石指出过纰漏。

一天，文人雅聚，张大千拿出自己的一幅画。画上面有一个蝉。齐白石悄悄站在旁边说（那时候张大千名声已经很大了），张先生我得告诉您，您这个画得不对。张大千莫名其妙，说这蝉有什么对不对的？齐白石说蝉爬在这柳枝上的头不冲下，它得冲上，要不然您有时间您回去观察一下。最后大千先生就去看，果然蝉的头是冲上的。因为这件事，让张大千十分佩服，觉得这个老人竟然能观察到如此细微。

多年养成的细心观察和写生习惯，一直延续到白石老人的晚年。也就是这样的写生，保持了白石老人笔下万物的活力。许多菜蔬，都是老人反复画过了，才拿到灶房里煮食的。以至于有时候，那些菜蔬早已经蔫了。

在京城的日子，不时有新旧友人来探访、求画。齐白石曾给一位茂亭三兄画过一把白菜的折扇。白石老人画京城的白菜，算是异乡风物。离开家乡的湖南人，除了惦念辣椒，也会惦念竹笋、腊肉、腊鱼之类。想归想，京城的白菜是要吃的。白石入京，卖画维生，起初，该不富裕。更何况入冬以后，白菜肥美，清脆多汁。不论人家贫富，都

《白菜萝卜》1948年

要存储很多。大堆地买了，垛起来，草帘子苦严实了，要吃漫长一冬的。

折扇上的画，另有一种趣味。打开就在。合上，就什么也没有了。居右向左斜着的两棵白菜，再也没有这么寻常了。一棵，稍弯，菜帮厚实而稍长，不多的菜叶，几道粗粗叶筋，老人是用一支笔画下来，甚至题字也并没有换笔。茂亭三兄看来是白石极熟识的人，万般地没有忌讳，老人才能如此随意地画。所谓的逸笔草草，稍粗的笔，随意蘸了水墨自在涂抹。用笔的粗，显现了菜帮的厚和蕴含的水分。菜叶，也随意，几乎不拘形迹，几道叶筋，不分横竖，信手而成。粗率，而具勃勃生机。另一棵紧挨着的白菜，菜叶更是简单，几乎是随意到近乎草率。也许，老人是为了调适，又补上两个蘑菇。可是，妙处也正在这里。

计较的人，心里是嘀咕的，而若不甚熟识，白石老人也是断不肯如此画的。

也许是茂亭三兄上得门来，茶沏好，两人闲聊，一直到饭菜好了。入席，两个人的话还没完，也恰巧家里有一棵白菜，茂亭三兄带着一把折扇，老人一高兴，也刚好扇子白着，饭还没有吃完，拿了客人

《萝卜》1954 年

《白菜》1923 年

《白菜萝卜》

的扇子，去案上随意蘸了墨，一挥而就。茂亭三兄必然是有意带了空白折扇的，白石老人画的时候，这位三兄在背后窃喜。

这样的画，其实是很难得的。里面的亲情，不足与外人道。

齐白石有《题画菜》：

先人代代咬菜根，种菜山园深闭门。

难得中年太平日，人知识字布衣尊。

白石亦有种菜诗：

白头一饱自经营，锄后山妻呼不停。

何肉不妨老无分，满园蔬菜绕门香。

至此，白菜萝卜这种北方的蔬菜，也就成为白石老人笔下常画的东西。究竟白石老人画过多少这些寻常百姓人家的菜蔬，我们不得而知，但无疑的是京城寻常街门口来往的老百姓生活，才让他真正接触和理解了老百姓的心手所有，也才能那么亲切地描摹这样寻常的物产，并投入了那么多其他画家不会也不懂得投入的情感。没有感情的画，既不美，也不会触动人心，齐白石是深知这一点的。

这一时期，齐白石写意花鸟最多，笔力沉厚，意境格调也更高。在画法上主要以泼墨与勾勒点画相结合，间以没骨法。1934年白石老人画的《藤萝》，画家以没骨法画藤条，粗大的藤条用稍浓的墨，全然一笔下去；稍细的藤条运笔极快，虬曲，转折，有干涩飞白意味。稍细的藤条，偶有停顿，提起笔再落下，以求得笔致的趣味。藤萝花也以没骨法点染，润泽娇嫩。干涩之笔和柔嫩点染，相互映衬，叫人觉出苍老中的娇嫩生机。此画的构图，吸收了吴昌硕的构图法，疏密得宜。但是与吴昌硕不同的地方是，疏其更疏，密其更密。且在构图上从左上到右下虬曲贯通，全然没有特意的结构，而得自然之法。

与齐白石更多写意画的简练相比，一幅本该是萧索的《秋荷》却是无限的繁复，甚至能叫人觉出秋天的暖意。

从自然生活中汲取画意，是齐白石多年一以贯之的手法。也因这手法，之前八大山人的寂寥固执影子全然消弭。齐白石画的青蛙、蝌蚪、鸡雏、麻雀、鸭子，即便是在野外，也都有着田园的温馨，亲切而温暖可人。乡间生活的一切，悄然复活了，温暖而喜悦。画家甚至把不知名的水边草虫，也照例画入画中。《工虫草册》里画的那只不知名的草虫，与另一只类于瓢虫的甲虫相映，加之井畔的枯草和题跋"借山馆后水井味甘，冬日尚有草虫"和钤印，虽然是一只展开纤细四长足的，蛛网也似的无甚可看的草虫，却也有味。

《群蛙蝌蚪》上画家有题跋："蛙多在南方，青草池塘，处处有声，鼓鼓吹也。"岸边草地上，五只青蛙相向，似乡间孩子聚首商量什么，十分可亲。水里有蝌蚪游弋。最妙的是，画面上方，正对着五只青蛙的水面上，是一只向下跳跃游弋的一只青蛙，它的跳跃使得下面那五只相向若语的青蛙，静中寓动。五只青蛙自然看不见那只水里

《秋荷》

《多情图》

游弋跳跃而来的那只青蛙，却似乎有感觉，第六感那样的感觉，跟那只青蛙浑然一起"在场"。

《鸡雏幼鸭》，一派天真。鸡雏身上不同部位的茸毛，腹部的浅墨，初生翅膀的浓墨，都是极其准确的一笔点丑即过，毫无犹豫。这幅画上有题跋："济国先生嗜书画，即藏余画。此幅已过十幅矣。人生一技故不易，知者尤难得也。余感而记之。"我们知道齐白石的许多花鸟，比如白菜、樱桃、寿桃，也比如鸡鸭、青蛙、虾，都曾经反复画过。除了买画人所请，更多时候是画家自己的反复尝试。《鸡雏幼鸭》，画家自己说"此幅已过十幅矣"。对某一种题材的反复，在齐白石这里，不是简单的重复，而恰恰是不断的提升过程。

《蜻蜓戏水图》，亦画于约 20 世纪 30 年代中期。画面上，一只蜻蜓，向下，直面江水浩渺。此一幅画，空旷如许，真不知白石老人作如何想？

立轴所能呈现的空间，绝非西方绘画的空间所能。那儿空间的玄妙，无极，只能以抽象表达，甚或抽象也不能，只能像语言那样，用所谓的原语言，或者失语，不言而言。

这只蜻蜓凌空，俯视。蜻蜓的位置安

排，极其精心。约略位于画面上端三分之一处，略右，而身姿稍稍左斜。蜻蜓的背向，沿着尾巴一线向后，恰好跟题款若断若连。不然，轮空一样，蜻蜓是极孤单的。只此一点，与随意的几个墨黑的字，蜻蜓就上接浑茫之气了。更之上的高天呢？不管了，再高，就是浩然，近乎死静冰冷的浩然。面对浩渺，"逝者如斯夫，不舍昼夜"，一只蜻蜓会想些什么呢？蜻蜓也不过是看到流水，有情无情，它怎么能知晓？浩渺的水纹，波波而过，渐远渐无，更远，更远了，江水就看不见，消失了。

蜻蜓是精妙的，以其精妙，独独直接浑茫。一点而清晰。清晰得浑茫。孰大孰小，有时候是不好说的。似乎就是这只蜻蜓，牵住了，江水浩渺，永流而不

《蜻蜓戏水图》20 世纪 30 年代中期

去，而不能彻底远。江湖之远，之悠远，之哀远，而不能去了。那江水，真的，流不去了……

这一时期的《紫藤八哥》《菊花》，更是大笔挥洒，随意自如，墨色浓郁强烈，尤其是加上苍拙斜敧的题款，自成一格。

齐白石约 70 岁时候画的几幅画，似乎又偶然怀恋起八大山人，直欲回味一个旧梦那样。

《鱼蟹图》中的鳜鱼，有八大山人风致，而有八大山人所不喜的生气。尤其是鳜鱼的眼神，清晰而惊醒，如在现世。虽然白石老人在画上的题跋有"三百石印富翁齐璜无处投足时作"。"无处投足"也许是实况，可是如许心境，也并没有使齐白石全然回到他曾经倾慕的冷逸一路，而是坚韧，和坚韧背后的内心平和。另一幅《事事有余》里的鱼眼则带有欢愉意味。

《乌鸦图》，亦略见八大山人笔墨。用墨用色，依旧是稍显冷逸。但不一样的是，八大山人若画此类，运笔必定迟滞沉郁，而齐白石笔势极快，甚或可以说是极其洒脱。白石老人或是借此迅疾的笔势，一挥胸中郁闷。

随着眼界的扩大，齐白石的绘画无所不及，无所不能，甚至就连别的画家截然不肯入画的题材，也画入画中，如生肖《猪》，如《发财图》。虽则是应人之作，但是能把过去不堪入画的算盘，径直画入，也是妙思。自

《紫藤八哥》

然，整幅画面若没有白石老人劲健的书法长跋衬托，也会显得单调。

《花卉册》之三，则是一方砚台。单调的砚台，也不过用浓墨淡墨写就罢了，无甚大可观。这幅画也跟《发财图》近似，都是因为书法的配合，才能成画的。中国文人画的这种多样性要素的协调配合，诗书画印，包括装裱格局，有其无可比拟的独特性和丰富性。

《砚台》20 世纪 30 年代中期

1927 年，画家画有八开之二的《花卉册》。画面不过一盏油灯，笔墨冷逸，油灯上面也无焰烛，不过是一根灯芯草。看似画面极其简单，物象亦枯淡之极，却隐含着可以细细咂摸的心底滋味。

乡村的寻常景致、物件，也出现在齐白石的笔下。如谷穗，如结扎起来的

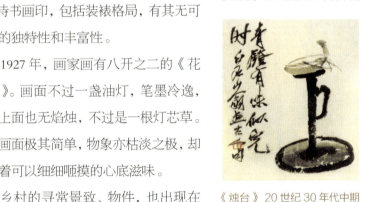

《烛台》20 世纪 30 年代中期

稻秆，不过是点缀了一只蚂蚱，画几只鸡雏，就让乡间风物"熏风习习"了。画家甚至还画了别的画家绝然不入法眼的柴筢。

1927 年画家画了《柴筢》。此画有题：

似爪不似龙与鹰，搜枯爬烂七载轻。

入山不取丝毫碧，遇草如梳鬓发青。

遍地松针横岳路，半林枫叶麓山亭。

儿童相聚常嬉戏，并欲挣骑竹马行。

画家另有跋语："余欲大翻陈案，将少小时所用过之物器，一一画之。""所用物器"，虽是画家久居京城的怀恋，但是更重要的是画

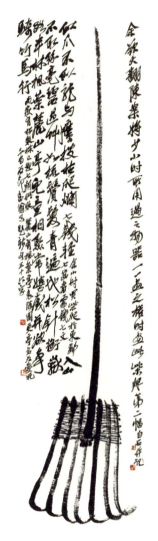

《柴耙》 1927年

家的审美已然更上一层,画家知道寻常不可画之"陌生"物,在画面上能够给人带来多少新的感受。只此一念,多少画家寻常一闪就过去了。

偶然么,也许并不偶然。精猛前行,久了,都会回头看看。这一回头,白石老人就恋念旧栈了。

毕竟湘人,食辣如甘饴,骨子里生就的野辣之气。此一柴耙,颇见野辣。乡间锄耙犁铧,以至于铁锨簸箕,铲子锅盖,都可入画。可是生辣一味,倒须这柴耙。

此一《柴耙》,是白石画柴耙第二幅。第一幅未见,约是未尽其意,才再次捉笔。柴耙,取其柄之长,也以其长,尤其书法功力了得之人,以三尺柴耙之长,"唰"地,一笔三尺,自下而上。墨气酽酽,柴耙的柄,就在那儿了。笔势须从下而上,绝不能从上而下,流泻一般,气都失去尽了。得自下而上,树木发干有力般,带着泥土草木,破土幡然而上。白石这一笔,一笔而三尺,谁能?谁敢?也必得焦墨(浓墨乏力),且焦墨运笔要快,快而不燥(燥亦乏实),快也必然飞白,飞白而坚实,难。可是齐大老眼能。这一笔干净利落,截若顽铁。

柴耙的柄,有了,余下的柴耙七齿,七根,根根要劲道,劲而韧，韧而固执如利爪。老人七笔画完，长长舒一口气，颓然般坐下。力气用尽了，眉间，汗涔涔的。

构成《柴筢》的那一根篆书般的大线与那七根短线，也是白石老人这个乡下人"以农器谱传吾子孙"本质的体现吧。

老人擦了汗，抿一口茶，歇半天，看看手指，若柴筢般的手指，立起来，去案前眯着眼睛，看半天，夫子自道："这老家伙，老东西，这个人呦……还有点么子出息呦。"

老人歇毕，落了长款，钤了印。左右看看，拉开案子下的暗层，把画塞了进去。敛足，进了屋里。

那一夜，他睡得真累。梦里，回到家乡，拿着柴筢，在山上搂柴草。

远在异乡的齐白石一直没有忘记诸多乡间旧物，晚年他还画了《簸箕和锄》。

在这样的画里，齐白石如同一个无忧无虑的孩子，暂时忘却了人生的苦恼。其实，在人的记忆里，童年总是给一再美化了的，齐白石也一样。他何尝不记得他的童年，不记得他一生尝过的穷苦和窘迫。齐白石《自述》里有这样的话："穷人家孩子，能够长大成人，在社会上出头的，真是难若登天。我是穷窝子里生长大的，到老总算有了一点微名。回想这一生经历，千言万语，百感交集。"

《簸箕和锄》1951 年

《悟说山舍图》

　　齐秉正回忆母亲说过一件关于齐白石的事情："（齐白石）那么瘦，那么老，但是他身体很好。有一次，不是我看到的，是我妈跟我说的。一次他坐那个拉的洋车，就是人力车，到丰收胡同干什么去。下边下着大雪，那个车夫不小心就摔了，把老爷子从车里头给折出来了。他身体好，掸掸身上的这个雪，把那个洋车夫给拉起来了，问伤了没有？他没有先自己怎么，你把我摔了我怎么怎么样，没有。"

　　也只有这样人生的画家，才能真正体味百姓的寻常生活，理解他们的人生悲欢。而这体味和理解，也成为齐白石绘画的一个要素，那就是善良。

　　这一阶段，齐白石的花鸟画精进，惹人注目。但是在山水画上依然有不少杰作。他的山水画大多是把远游印象、写生画稿和定居北京后创作经验融于一体，构图简洁，意境新奇，并且有浓郁的生活气息，标志着齐白石山水画风的自我成熟。至1927年，齐白石的山水画完全成熟，工致、写意并行不悖，信手拈来，笔墨纯精，山水全然是自家面貌了。可惜的是陈师曾早早就不在了。白石老人画这些山水的时候，不时会念起这位小他10岁的挚友的，若他还在，看到白石老人的这些画，不知该有多高兴。

齐白石在1928年的一幅《雪山策杖图》上有题句："余数岁学画人物，三十岁后学画山水，四十岁后专画花草虫鸟。今冷庵先生一日携纸委画雪景。余与山水绝缘已二十余，何能成画。然先生之来意不可却。虽丑绝不得已也。"此话该不是实情。

白石老人确乎画雪景极少。何故？客居京城，该不时纷飞大雪。为何也甚少雪景？也许正如白石《题画竹》所记："平生除画山水点景小竹外，或画观世音菩萨紫竹林，画此粗竿大叶方第一回，似

《雪山策杖图》1928年

不与寻常画家胸中同一穿插也。"有所为有所不为，"微痴吾谁与言雪"，白石老人少画雪景，也许自有其道理。

此一雪景，山背后高天处淡墨草草映衬。山就纸色，用近乎焦墨的线，粗略以披麻法勾勒山石，以略淡的墨略勾再加皴染。白石如此画雪法，可算是独造。

右下两株松树，静静雪松，墨线勾出，树身留白；枝条依旧留白，止略画松枝，略点松针。大雪之凛冽寒意宛在。松树树身，若在别人，可能会略加皴擦，然而白石予之一色的白，雪之白之厚，真俨然在。

大雪掩漫，一片灰白，山与松，也不过略略可看。提神之处在一

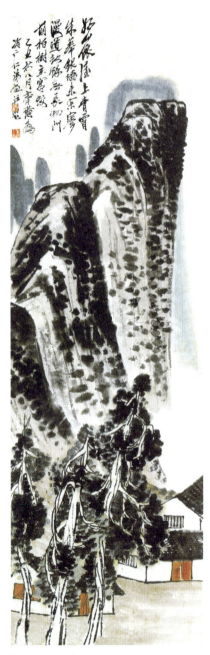

《好山依屋图》 1929 年

高士。雪也真是深陷，约略尺余，已然看不见高士的脚腿。这人踏雪，欲去哪里？或本就在山里，这里那里，随意走走。一片白茫茫，真个干净，随意走走，是愈走愈净的，心净了，多么好。看一切，都是净的。

齐白石虽然有"余与山水绝缘已二十余，何能成画"的话，不过是在花鸟、人物上用功甚勤而已，其实哪里停止过画山水呢。

1929 年，再画《好山依屋图》。齐白石题曰："好山依屋上青霄，朱幕银墙未寂寥。漫道劫余无长物，门前柏树立寒蛟。"

水墨画的构图，有二绝妙者，一是立轴，二是手卷。论画所谓西方焦点透视，或所谓水墨散点透视，都过于绝对。即便在西方，所谓焦点，也并非全部。水墨散点，也并非所谓散，山水树木道路屋宇连绵，尤其又是"山阴道上桂花初"，闻香仁足，注目，因香而沉迷，因色而心痒，看而不断，断而复连，哪里会散。

《好山依屋图》是立轴，比例上是竖直的一比三。人的行旅，是边走边看的，尤其是沿着山水，骑驴，步行，一路过去，脚下，身边，目之所及，都是。也因之，看不厌理还乱，若不搭理，只管一路痴迷迷走下去看下去指点下去，才好。

《好山依屋图》，以山为主。大笔粗略，披麻皴，加米点。墨浓处极浓，因是盛夏，植物正茂盛；淡墨处，是疏可走马，利利洒洒，益显得墨浓处郁郁葱葱。为避免单调，连绵取势而上的山峦，之后隐隐可见浑然不多着笔的山峦。

山势向下，取敧侧，应合拔地而起的老柏。柏树形制，大略可见青藤笔意。柏树枝叶纷披，生机间有威严。依山而筑，柏树环护的几间屋宇，白墙青瓦，苦夏的缘故，门上的朱红帘子，似掩非掩，叫人想里面会有什么样的人，静默以待。

依山而居，又有高大柏树，所谓老柏之寒，该是凉爽。见过白石老人一帧照片，京华之夏，老人在院子里，上身赤裸，摇一蒲扇。这屋子里的人，也会这样吧。三株高大的柏树，也恍然如三士，正去会那屋里的隐居高人。

那隐居的高人，也许正煮滚了茶，备了干果，安闲歇着。来人，隐隐的脚步

《山居图》20 世纪 30 年代中期

声，早早就听见了。耳力的非凡，很远就听见了，涉水穿石而来的那人，甚至听了出来，因脚步的轻重，意绪如何，一一在耳。

朱红门帘，若钤印般醒目，也若有声音一般。朱红的声音，在老柏寒意之下，是微微的一点暖，一点响着的暖意。

也许，那人正去了山里，正在"云深不知处"，还不知什么时候回来呢？柏下，也没有童子可问。

老人1927年画《寄斯庵制竹图》，亦是杰作。画上有跋："瘦梅仁兄刊竹名冠一时，曾刊白竹扇器赠余，工极。余画此答之。时丁卯六月居燕第十一年齐璜。"

瘦梅，号通玄，又号寄斯庵主，刻扇骨与人不同，喜用竹带青皮者刻阳文，另用刀尖挑剔若砂皮状，得干湿浓淡以至飞白。瘦梅以奇制胜。湘妃斑竹，点滴泪痕，不容刻划，但瘦梅以自然斑痕为梅花，补刻枝干，独辟蹊径。虽不若张岱所记，"南京濮仲谦……以不事刀斧为奇，则是经其手略刮磨之，而遂得重价，真不可解"者，却也不凡。郑孝胥尝言："张老（瘦梅张姓）雕刻精妙绝伦，殆为南派所不逮，他日有增编《竹人录》者，瘦梅必为北派之祖矣！"

这位瘦梅仁兄，白石极爱，也才有此画。

画上，白墙青瓦。白墙恍若洁净白雪，青瓦雨水浸蚀，若宿墨。瘦梅着白衣，凭窗据案，左手执扇骨，右手凭刃，正襟危坐。正襟危坐这个词，若取其有

《寄斯庵制竹图》 1927年

略微之动意，看似不动而已然动，刀法俨然，入皮入骨了。尝见一以为善书者，执笔哼哈有声，力量早弥散了，哪里落得纸上。以静制动，才是可怕的。

案上，一笔筒（该是自家刻制的竹子笔筒），里面立有几件扇骨。白石未形之，当是带青皮未雕刻者。瘦梅眼神，无法看到，眼为身形，近乎法相庄严，目力所究，就已经似乎看到那支扇骨战栗也似，刀未动，丝扣之痛，已然上身。

此画不过逾尺大，却颇见气象。画的下部，为免于虚无，斜着是一道半开着门的柴扉。中间，是硕大一柏树，枝叶参天，一飞冲天，更与屋子后面的柏树，枝叶相连。柏树亦若山峦连绵，也若低低云翳，环护着那座屋子。

白石早年为细木作，对于刀法，自是了然。后来的刻印，书法，或铮铮，或萧索，都赖于早年。这也才有陕西名士樊樊山为白石定的润例："常用名印，每字三金，石广以汉尺为度，石大照加。石小二分，字若忝

《山居图》20 世纪 30 年代中期

《老树昏鸦》 1950 年

粒，每字十金。"

案上的笔筒里，插着的扇骨上，白石可以写几个字，恍若已经刊刻了，可是没有。似乎这样，白扇骨，似乎在等，静静的，虚位以待，等锋利的刻刀，在竹皮上，若浅若深，若游龙，若惊鸿，也若沉静，若深思、木讷。痛，亦不痛了。

从大的画面，到前后几株龙飞也似的柏树，到屋子，再到凭窗据案，瘦梅先生在画面的比例上是极其小的，却因白石的题句，和瘦梅的一丝不苟，稳稳压住了画面。人物虽小，却绝不可无。试想，若将瘦梅去掉，或换另一闲散人物，画面会忽然松散了。

小小一个人，俨然千金之重，若点睛。偌大画面，看来看去，最后都会落在瘦梅先生这儿。感觉瘦梅的腕力，不动，却沉稳得惊人。可一旦动起来，是肃穆骇人的。

同一年的《木叶泉声》亦是精绝之作。画上白石有题跋：

布衣尊重胜公卿，生长清贫幸太平。

常常怪天风太多事（白石笔误多一"常"字），时吹木叶乱泉声。

诗后，还有"画成犹有余兴，得一绝句，补此空处。萍翁"。

泉水汩汩，阴凉凉的，入眉入眼，万般瞬间都浸透了。那纸，禁得住么？那纸，树皮成就，树皮的气息，泉水清凉凉的，着了淡墨的溪水，忽地，那么凉，疾疾的凉。泉水，如着了淡墨的，汩汩地洇透了那充满了空隙的纸。远远地，满耳水声，满耳的水，满耳的风，满耳的吹着树叶的⋯⋯满耳的树叶，枝叶的风声。

泉水、树叶、风⋯⋯哪是哪儿呢？交汇的声音，三个声音，三三的声音，多于三的声音，此一隅，汩汩的，呜呜的，谁的耳朵能分辨？水沿溪而下，水声噜噜，泠泠，扑面，树叶嚓啦，嚓啦。叶子跟叶子，跟枝条，擦啦的声音，风的声音，风在泉水，在幽深或浅浅的水纹，刀刻般的水纹，在摇曳翻飞的树叶，侧着，仄着，斜斜地过去了。多好的风，微风，*丝丝*，缕缕的，有，尔后消失了的。

此一幅用墨，水之畔，泉水，墨色极淡。枝干树叶，墨色极浓，浓黑，黑若蝌蚪。叫人想起一幅老舍命题之画。

白石诗文几乎不涉琴音，可是，老人是懂得琴音的。大音希声，按索纸上，满纸水声、风声，之外，是心声，心里的水声、风声。泉水若琴弦，木叶若按指，会听的人，都能听见吧。

画家偶尔也有冷涩的画，如齐白石作于约20世纪20年代晚期

《河塘》约1935年

的《雨归图》。《雨归图》，若生者手笔。归者似为赤脚，布衣白石，绝少画"夫唯不争，故天下莫能与之争"者。粗略看，哪里见树，直是倾盆大雨，树不欲树，树之墨迹，不过是苍茫茫雨打之势。归人亦草草，一人埋头于油布伞，大雨里艰难行走。雨大，风势也大，兼风带雨，没法抬起头来，只能看着脚下。小时候，下大雨时候，亦出过门。穿着雨衣，低着头，只看着脚下三尺之地，疾疾往回。雨已经下了许久了，江水泛滥，不欲静流江水，只淼淼的。白石画雨中江水，淡墨的线，屈曲遥遥而已。

其时齐白石年过七十，衰年变法已十余年。

细观此幅，有童稚严肃气息。构图，笔墨，似熟非熟，不似而似，神思邈邈，无以捉摸。在白石画中，几乎唯此一幅。有论者说："画风雨中丛树飘摇生态，烟波浩渺一望无边，举伞之人顶风独归，寥寥数笔，情境幽然。"

白石之画，若神来之笔，以我所见不多，此为一幅。偶然之心，得此大造化。得道之人，才知道这样作品，得自天机。多少用心，欲得而不得，而无意之间天成。

白石老人写此图，浑然中一激灵，不知所云，而知其所云。笔墨万般无来由，推却古人所说的"笔笔有来历"，无一笔有来历，直写不明而不能排遣之胸臆，草草而就，却神机毕现。大道无形，顺势而为，此一小幅，纸墨新时已是玄妙；笔墨故纸，灰尘落焉，也难掩飘泼，观者的衣襟，已然湿了，风起一角，吹如未掩的怀里。

《雨归图》约20世纪20年代

1932年齐白石画的《山水条屏》之一《借山吟馆图》同样是齐白石山水杰

作。白石有题："门前凫鸭与人闲，旧句也。只此句足见借山之
清寂。"

　　《借山吟馆图》写意，而画法近于精细。色调清淡雅致，淡绿和
淡赭墨为整体，只以墨
线画出白墙青瓦的四五
山居。山居之白墙在绿
竹丛中，若透空般，索
解了竹林的细密而郁
闷。而竹林朦胧，也因
白墙青瓦，尤其是青瓦
白墙之墨线而清晰可
辨。屋瓦的细线，与竹
林细密的竹叶，十分得
宜。山居四五，排列不
一而足，横，斜，横，若
随意安排，而得自在。

　　此一幅画，最妙在
江水中浮游的鸭子。

　　水面上一十三只鸭
子，各个不同。

　　最先一只，悠然，
缓行；

　　二只，回头望；

　　三只，亦回头，
脖颈且用力，与一只

《借山吟馆图》1932 年

《钳锤道义图》1951年

振翅扑朔的鸭子，相对欲语；

四只，张望，身子入水稍深；

五只，似有鱼潜行，急欲捉，伸直脖颈，疾疾向前；

六只，缩颈。叫人想起郑板桥某书信里的吃米茶的"缩颈而食"；

七只，亦似有鱼，在水中尚深，略缩颈向水下寻；

八只，喜悦，急不可耐，欲振翅飞；

九只，窥得有鱼，已经看得清楚，半个身子已经进入水里；

十只，顺水行间，忽左转；

十一只，水下有鱼，整个身子都几乎没在水里，想必已经叼住了一条鱼；

十二只，迅疾向前、向下，亦见有鱼；

十三只，真正悠然，若得道者，不急不缓，静悄悄看着前面一切。

群鸭，各个不同，显现了白石老人的精妙观察记忆力。画满纸者，常见。真正各个不同者，罕见。此一群鸭子，各个身姿，甚或性情，都不同。如此画鸭子之性情，第一人也。

齐白石的后人齐秉正如此评价这样的画："他画的是大写意的山水，这个大写意的东西啊，就是用很简洁的线条来表现自然界，这个就是大写意，就是很简洁的，表现最大的东西，他表现的山和水就是这样，你看寥寥数笔，就那用笔往上一抻，一座山就出来了。然后呢，水是空白的，我不用，水上有两只小鸭子，这一看这就是水。所以这个，他所表现的是很让人欣慰的东西。"

百年巨匠
Century Masters
齐白石 Qi Baishi

写如此悠然欢愉景象的老人，也曾写《祭次男子仁文》，文末曰：
"悲痛之极，任足所之幽棲虚堂，不见儿坐；抚棺号哭，不闻儿应。儿
未病，芙蓉花残；儿已死，残红犹在，痛哉心伤！"人生，真是难说。

　　齐白石在家乡时候写肖像，如《黎夫人像》《谭文勤公像》《胡
沁园像》，已然精微玄妙，"鞭辟入里"，于人肌肤神态，直是剥去鸿
蒙，入骨入血，面直纸上画像，有温热鼻息在一样。衰年变法之后，
齐白石的人物画里，仕女画锐减，多画佛道人物和现世人物，在画法
上向大写意转化，笔法粗简尚意，形象浑朴，神气完足。人物形象上
多变，有源于前人稿本，有综合民间绘画形象，也有的则完全出自齐
白石心手。

　　齐白石在人物画中创造了工写结合的画法。《十六应真人物册》
中，白石老人借助水墨的浓淡、落笔的力
度、运笔的快慢，体现对象质感、量感、
体积感和光影虚实的描绘能力。如用清
淡的水墨轻匀柔润的笔法，渲染出衣衫
的纹理，而用浓重的水墨，重叠堆砌的笔
触塑造出人物的轮廓和厚实的须发；用
枯涩的笔法刻画苍颜老者的形貌，而以
细腻的轻柔用笔描绘眉目。从文人画观
点而言，齐白石在《十六应真人物册》上
虽没有加诸文人画内涵的题跋等，但从
人物形象上足可以感到他对"情境""意
境"这类文人画特质的重视。画家以朴
拙准确的笔法，取法高古，立意外俗内
雅，内涵丰富而深刻。特别是他画的佛

《罗汉挖耳图》1947 年

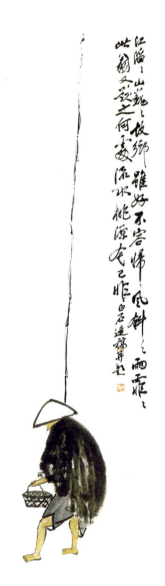

江滔滔，山巍巍，故乡虽好不容归。风斜之雨霏霏。此翁又认之何耶。流水桃源乙作白石逢横年题

《渔翁》1927 年

教人物中饱含着市井生活气息，把握了文人画的单纯、协调，但并没有丢弃民间艺术的质朴与热烈。

齐白石变法之后的人物画，个人风格愈发鲜明，虽然从作品的完整性上考虑，常人会认为一些作品"不拘小节"，"失真""变形"，但是这些不被世俗认可的特点，却蕴涵着强烈的个人风格。

1927 年，齐白石画《铁拐李》，画上有题跋："丁卯正月廿又四日，为街邻作画造稿，其稿甚工雅，随手取包书之纸勾存之。他日得者作为中幅亦可。"齐白石一日为街邻造《铁拐李》像，似街上寻常可见之底层人物，而略带古意。同年，齐白石画的《乞丐图》亦是，与街边人物肖似。但我们知道的是，画家要卖画为生，哪里会真的画那样人物，而让人不能再挂出来。寻常腌臜人物，齐白石妙题几句"卧不席地，食不炊烟，添个葫芦，便是神仙"，便一切都变了。艺术，毕竟是艺术，毫厘之间，便是两番天地。

1927 年的《渔翁》，齐白石题跋"江滔滔，山巍巍，故乡虽好不容归。

风斜斜，雨霏霏，此翁又欲之何处。流水
桃园今已非"，即是画家思念故乡的画作。
披着蓑衣的渔翁的身姿，活脱一湘潭乡下
打渔人。渔翁的脸，本来就是侧后面，加
之蓑笠所掩，几乎不见面部的表情。可是，
齐白石是高明的，不见面部，也无须画出
面部的表情，只以极细一小撮微微翘起的
胡子，就让这个渔翁神态毕露。极巧妙的
是渔翁的钓竿（也许就是为了此一根鱼竿，
画家才选择了立轴的构图），钓竿上那根
细如发丝的鱼线，有力而又飘忽。鱼竿、
鱼线，两根粗细不同的墨线，相互映衬，不
黏滞，亦不离析。笔力心力稍有差池，即会
黏在一起，失去了各自的清晰利落。

也是为了那根直上的鱼竿，画家题了
长长的竖写的跋，应和着那根坚韧而又
着飘忽不定意味的鱼竿。渔翁是齐白石很
喜欢的题材，他一生画过很多张，在构图
上进行了不断的摸索。

《铁拐李》1927 年

第三章 苦把流光换画禅

齐白石的题跋，亦庄亦谐，在同时代的画家中亦极为突出。齐
秉正说到齐白石的题跋的时候有这样的话："尤其是他的画里边有题
诗。题诗增加了很多色彩，这是我们后代人所不能，不具有的，因为
我们没有那种文学素养，没有他这点。他题诗什么，'网干酒罢，洗
脚上床，休管他门外有斜阳'。我不管你，外面有没有太阳，我管不
着了，我洗脚上床，我睡我的觉，这多好的写照啊，一个渔民那样。"

《人骂我，我也骂人》1930 年

大约是 1930 年，齐白石画了一幅《人骂我，我也骂人》。很多人把这画中的老人看成是齐白石本人。这也应该是齐白石湖南人的气性使然吧。画里，一趺坐白眉老者，若仙佛般，却在骂人，目欲左，而食指中指如剑气般并拢，手腕飒然一转指向右边。若神情恬淡一些，真是修炼了。可是略略的严肃，大约是可以骂人了。骂人，有时候也并非坏事，骂就骂了，如此而已。何况天下亦确实有该骂之人。

老者所骂之人，并非不屑者。所骂之人，也必然非同寻常辈。高手间指桑骂槐，隔山打牛，云山雾罩，外人是不知所云的。高手骂人，自有妙谛，哪能沦落。白云间，来去而已。可以想见，老者右边，必定有人安闲端坐，吃着半盏好滋味闲茶，口咂鼻闻，尔后眼眸在天上、云上悠游那样。

这样的人，生气不得，计较不得，来而不往非礼也。回骂，便是。也得骂得不温不火，不伤肝不伤肺那样。也得声音，淡淡的。骂什么，得点文辞玄妙，不然，人笑话：连骂人都不会，羞煞人也！骂完了，什么时候见了面，谁也不提，从没有这事似的。骂人？谁骂了？不曾骂，不过是一点气性而已。

齐白石在京华，受人排挤，心里不惬，也难免画这样抒发性情的

《得鱼图》1947 年

《老当益壮》1941 年

画。齐良末回忆说："没办法，人家爱说什么说什么吧。老八股就是很看不起我爸爸，我爸爸很受排挤的，人家看不起他。"

　　这样的情势之下，加之齐白石耿直的性情，自然会选择避开与很多人交往这样一种方式，而更加埋头于自己的绘画艺术。杭春晓谈到齐白石有这样一方印章，他说："（齐白石）一个印章是叫'寡交因是非'。就是说他不愿意跟人多交往，他常常闭着门，只和一些要好的朋友来交往。那么是非是什么呢？我想齐白石到了北京以后，是有一些内心的这种感受的，尤其是在专业圈里面。"

《扶醉人归图》

画家亦有《扶醉人归图》上有题句："扶醉人归,影斜桑柘。寄萍堂上老人制,用朱雪个本一笑。"扶者与醉者,均着淡色,笔墨风致有八大山人意味,而具七分暖意了。尽管很少朋友,但是有几个至交的朋友也就够了。也许是朋友的温暖,使得齐白石在不被人理解的困窘中画出了这样温暖的画。

这一时期齐白石的人物画,当属1930年的二十四开的《人物册》最为精彩,也最具代表性。《人物册》是友人相求所画。齐白石在一幅画上有题跋:"有友人求画人物册子。二十四纸皆创造稿本,因钩存之。"

其一《送孙上学图》,画中一老者送小儿去读书。不知道为何读书,也不愿离家去读书的孩子,一手拿书,一手拭泪,磨蹭着不愿去。老者慈爱,抚摸着孩子的头,正安慰他。画中题诗:"处处有孩儿,朝朝正耍时。此翁真不是,独送汝从师。识字未为非,娘边去复归。莫叫两行泪,滴破汝红衣。"至于读书,齐白石心里有隐痛,画这样的画,也许是为了满足孩童时候的梦想的。细想,人生真的不过痴痴一念想。

另有《夜读图》,灯光下读书的孩子伏案睡着了,书还打开着,砚池里有墨,毛笔在笔架上,水盂里是清水和一柄小巧的小铜勺,油灯还亮着。齐白石那么喜欢这样的场景,他似乎看见了他的儿辈孙辈

《送孙上学图》1930 年　　　　　　《夜读图》1930 年

正在读书。孩子衣红衣，新剃的头，头皮泛着洁净的青白色。舐犊之情，跃然纸上。

　　1936 年齐白石画《捧桃图》。这一年白石 72 岁，算是老人了。

　　人之老矣，真若孩童。此画，白石画一老寿星，侧身避人，两手捧紧寿桃，似走，却一再回头，似乎在说，俺的桃子，谁也不给吃。姿态之可爱，近乎娇憨。老者衣纹洗练，却朴实，也必得这样线条才能衬托老人姿态。线条若纤细，会轻飘，轻飘之上的姿态，岂是老人呢？线条的朴实厚重，以其黑，也更显现了桃子的敦敦嫣红。

　　桃子蜜甜，却坚不给人，也若孩童拿着好吃的，馋一下人，又藏起来，藏起来，又忍不住要炫耀。老人的姿态，正是如此。捧在怀里，转身疾走，不给人的样子，却又回头看看，看看，其实是想给人看一下，馋一下人，馋完了，还是舍不得给。白石老人画完，暗自想想，笑

《钟馗搔背图》 1926 年

了：自己也会是这样的么？

　　绝妙的还有数幅《钟馗搔背图》，其中一幅题跋叫人忍俊不禁："者里也不是，那里也不是。纵有麻姑爪，焉知著何处？各自有皮肤，哪能入我肠肚。"这是齐白石为一位"治国军长"画的。就世俗讲，齐白石画此画是为了卖画，却卖到这位军长的心里。痒而不得解，总搔不到绝痒处，人人看了都要笑的。貌似严肃的白石老人，其实是有趣的。

　　这类人物画也与齐白石当年写照神鬼不得形象，而求助于身边的人写生面貌一样。齐白石很少直接对着市井人物进行写生，但是早年写生练就的手眼，一闪念就已经看在眼里，存在心里了。

　　齐白石人物画的绘画美学，并非全然是现世主义的。旧都京城，严冬风雪时候，难免乞丐饿殍，但齐白石那里，美是第一位的。这也并非是粉饰太平，不过是个人的审美罢了。

《捧桃图》 1936 年

那人却在灯火阑珊处

　　1937 年，发生了震惊中外的七七事变。齐白石从未经历过这样的事情，坐卧不宁，遂辞去艺术学院和京华艺专教职，闭门不出。唯一的出门，是 1939 年亡友陈师曾的尊人陈散原九月间因郁愤绝食而亡。齐白石作对挽联：

> 为大臣嗣，画家爷，一辈作诗人，消受清闲原有命；
>
> 由南浦来，西山去，九天入仙境，乍经离乱岂无愁。

1954 年，齐白石晚年照

《花鸟扇面》（局部）

　　下联的末句，亦是齐白石的苦楚，离乡背井卖画刻印为生，心系两地，不过抑制着，忍含而已。

　　1937 年也是丁丑年。《自述》里，齐白石说早年曾经算过八字，说他"丁丑年辰戌相刑"，"宜用瞒天过海法，今年七十五，可口称七十七岁，作为逃过七十五一关矣"。因此，从丁丑年 1937 起，齐白石本该 73 岁，就偷偷加了 2 岁，改称 75 岁了。

　　作为一个旧式老人，无论在艺术上有多少创新，根底里的某些东西是难以改变的。那种长期以来的传统的心理性影响，会一直影响着画家的取舍。

第二年，齐白石《自序》里写道："（1938 年）六月二十三日，即阴历五月二十六日，宝珠生了个男孩，这是我的第七子，宝珠生的第四子。我在日记上写道：'二十六日寅时，钟表乃三点二一分也。生一子，名曰良末，字纪牛，号耋根。此自之八字：戊寅，戊午，庚寅，为炎上格，若生于前清时，宰相命也。'我在他的命册上批道：'字以纪牛者，牛，丑也，记丁丑年怀胎也。'号以耋根也，八十为耋，吾年八十，尚留此根苗也。"中国传统文化，凡文人大率都懂得一些天文地理、命相医术，也因为这些知识的宽博，对自然万物的盛衰有着自己的独特理解。齐白石也不例外。

作为一个农民的后裔，齐白石内心还有着甚至连他自己也不愿意承认的一丝自卑心节。赢得文人的认可，也一直是齐白石的努力。即如书法的承袭，遇到胡沁园、陈少藩之后，齐白石放弃了馆阁体，开始在书法上学习何绍基，遇到王湘绮之后，更是在书法上追慕金冬心。虽然是为了书法的进益而断然改变，但是很难说没有一丝虚荣在里面。1932 年，齐白石请在京城的文化名人为其诗集题辞亦有此意。这一阶段齐白石已经绝少画山水，但还是精心画数幅山水一一回报。

《花卉扇》1921 年

《莲池书院图》 1932 年

《葛园耕隐图》 1932 年

其中赠吴北江的《莲池书院图》，赠张次溪的《葛园耕隐图》，一繁茂浓郁，一疏朗淡雅，都是精妙之作。

20 世纪 30 年代，齐白石也曾请金松岑为其写传，不能说齐白石全然不慕名利。只是后因金松岑去世作罢。后又请胡适为其写年谱，后胡适约黎锦熙、邓广铭参与校改、审定。也许，我们只能说，齐白石是亦新亦旧之人。

北平沦陷后，第二年南京、长沙相继失陷，白石老人心绪不宁，《三百石印斋纪事》就此停笔。齐白石深居简出。因慕齐白石大名，前来形形色色求画者络绎不绝，与敌伪有牵连者亦不少，老人无奈，在大门上张贴告示："白石老人心病复作，停止见客。若关作画刻印，请由南纸店接办。"

1940 年，又贴出告示："画不卖与官家，窃恐不祥。从来官不入民家，官入民家，主人不利，谨此告之，恕不接见。"

国难闭居时期，无奈一垂垂老矣画家，只能在郁愤之余，读书刻印画画而已。这阶段齐白石山水不多，偶尔为之，却都堪称杰作。

画僧弘仁有诗：

坐破苔衣第几重，梦中三十六芙蓉。

倾来墨沈堪持赠，恍惚难名是某峰。

　　齐白石的作画习惯，若非应酬之作，都是在躺椅上闭目养神，神魂缭绕，待打好了腹稿，才慢慢画来。画好了还要悬壁上，似睡非睡，久久审视之。国难避居时期，想来这样的时候是更多的。

　　1938 年的《舍利函斋图》，结景开阔，疏朗，着色清雅，尤其是那几株虬曲的老柏树，着笔不多却显得苍郁。着笔不多的用意，是为了更能显出黑瓦白墙，以及白墙上的窗子和窗子里的安逸的人。那人正"新得一舍利石函"，沉浸于其间不能自拔呢。左上方的大段题跋，不仅在构图上起着平衡作用，且有生发画意的作用。也类似于平远之远山。

　　中下一横折阑干，亦有齐白石的妙谛在。真个画面唯屋子有横直之线条，余者虬曲，为了呼应，齐白石应该是有意在中下的位置，那临江水的岸边，如同勾勒，写上这一段阑干。可以试着把阑干用手遮去，会觉得画面不够稳定，除开左上的长款外，这阑干犹如定海神针，缺不得。白石心意，可是如此？但愿。

　　《冰庵刻印图》，物象朴厚拙稚，山

《告白》1937 年

《冰庵刻印图》20 世纪 30 年代中期

峰院落，简而又简，但是屋中绝小刻印之人却历历在目，一丝不苟，引人目光。所谓粗细，省略可以省略的，而不能省略的，"惜墨如金"写之，细微到可以用放大镜那样看。叫人如现代的蒙太奇镜头那样，由远而近，由模糊到清晰，目光直接一追至于屋内、案上，亲眼看见那刻印之人，刻印之手、刀子，在印石上清晰劲道的字迹那样。要到了那颗印石上，才戛然停驻。写至此处，甚至笔者也禁不住用放大镜看一眼那人眉眼，果然那人正平心静气，左手执印石，右手执刀，正想着如何布局，如何下刀。《舍利函斋图》里案前坐着的人物，亦是"舍不得也"那样用目光摩挲着（手还来不及洗沐）舍利函，让观者急切就追随着那人的目光而在那件舍利函上。

　　齐白石画这样的画，画毕，会站在案头想观画之人在此画前会如何，心想一定会由大而小，渐渐趋近了要看清楚那个极小的人物。若是近视，还必得寻了眼睛，盲目般趋近了几乎要趴在案上看那样，那才看清了窗子里面的人物在做些什么。做些什么？也许什么也没有做。也如同汪曾祺先生用一柄放大镜看《韩熙载夜宴图》案子上的果盘，一只果盘里几个红色果实是什么。汪曾祺看了半天，竟然看清楚了，他说："嘻！原来是几只柿子！"这样的效果，齐白石想起来也是要窃笑的。

　　抗战期间，齐白石虽然多次贴出告白，停止卖画，但是紧闭的铁门后面，从未停止画画。满腔郁愤，统统悄然转而为笔墨。齐白石笔下的大写意花鸟鱼虫、猛禽小兽愈加精彩，花卉色彩比对更为鲜明，笔墨愈加老辣，而又宛若"池塘生春草"那般天成。如作于1939年的《秋趣图》，红花妍丽，墨叶浓重，清澈秋光之中，蜻蜓飞来，知了落在竹篱上，蟋蟀、蝗虫，各得自在。

　　《荷花翠鸟》则用饱和的西洋红直接点画荷花，衬以黑浓墨叶，焦墨写梗，红与黑，墨的干湿浓淡对比，都无一不好。衔着小鱼的翠鸟碧翠，使得画面另有一种娇妍。

《莲蓬蜻蜓》，莲蓬和蜻蜓居左，右边留下三分之二的空白。空白是水面，虽咫尺之水，浩渺无边。此一幅似有焦点透视的意味，从比蜻蜓略高的位置俯视，一望水何澹澹。荷梗依旧是苍苍焦墨，焦到难以走笔那样。应该是用羊毫，全然依赖笔力表现出荷梗的硬挺。莲蓬略染调了藤黄

《莲蓬蜻蜓》 1938 年

的赭石，而反差在蜻蜓上，淡青的蜻蜓，与莲蓬对比十分协调。莲蓬之老辣，蜻蜓之轻盈，构图奇特，着笔极简，情趣盎然。

题款也放在右边，画面右边似乎更加滞重了，却悄然地给莲蓬头的略微右斜，蜻蜓落下的时候向左下四十五度角，画面得到了微妙的平衡，似乎从蜻蜓那里有微妙的力量"霎"地下去，与水面的波纹，有了奇妙不可思议的联系。

下面的水，是淡墨的水纹，水纹荡漾开去，清凉凉的漾漾的就似乎一直到了画面之外。

这一类红花墨叶的草虫，因颜色的强烈对比和工细与写意的反差和谐地同处于一幅画面，而达到了相反相成的效果。

齐白石亦有相对细致另一种风格的草虫画。在一幅画了五种草虫的册页上，齐白石有这样的题跋："余画草虫必用五色使工致笔，得者能知也。"画中除了枝条小写意外，草虫，甚至连叶片都十分精细。

在构图上，齐白石也殚精竭虑。另一幅《蜻蜓莲蓬》构图之险，

令人惊讶。从右下角分别向上向左上的两枝莲蓬，呈交叉状，而后在左上画了一只蜻蜓。画面力量平衡之微妙，几在分毫之间。画面左下的落款，巧妙地应和着画面，使得画面有一份悄然不觉的沉稳。《知了图》亦是。但恰恰是因为如此险的构图，才会叫人觉得格外有视觉上的新鲜感受。观者会感觉那儿有微妙的力量忽悠着，轻而沉稳，有些引而不发的味道。

《岱庙图》中松树的结构形式也是这样，几乎是曲折的连环，却让画面于静中寓动。这也和画家画鸽子的方法，有同样的玄妙。

《嘤鸣求友图》里的两只水墨八哥，犹如写生般活灵活现。一上一下，两两呼应。略掺杂赭石的山石，粗笔写就，带有泥土向阳的温暖。八大山人的孤寂一扫而空。

齐白石的艺术，成于他的坚忍不拔，更成于他的苦心孤诣。他的画虾，即是一例。齐良末还记得父亲学画虾的过程："最早的话，他就是跟着郑板桥画的。郑板桥画虾，画的就是一个肉虫子，软骨囊囊的一个肉虫子。我父亲这个虾呢，后来他经过了自己的改造，虾头上有浓重的一笔，增加了它的分量。那叫虾黄。原来的虾须画了很多，后来定了往前伸两条须，往两边侧着两条须，往后两条须，一共是六条须。小爪呢，那个虾的身上小爪子分成了五段。以前的时候，他画的很多，后来他自己也感觉零乱，又加以改造。"

《嘤鸣求友图》约1945年

记者采访齐秉正的时候，她说，齐白石的虾"大变的有三次。最后画的这个虾，虾一节一节之间，有它的游动性，透明度"。

记者就齐白石写生问到齐秉正的时候，她说："过去的时候，逮蜻蜓做标本。我爷爷那个水园里边养着小草虾，但是那个不是他画的虾。为什么呢？那小草虾只有这么小，和大虾不一样。他画的呢，是把对虾和草虾相结合，所谓的移花接木手段。就是他把没有夹子的那个对虾和有夹子的草虾有机地结合起来，使它们看起来既威武也够大。小写意虾画那么一点，就表现不出来，只有把它画大了。"

对自己这样的画法，齐白石在《自述》有这样的话："我画实物，并不一味地刻意求似。能在不求似中得似，方得显出神韵。我向来反对宗派拘束，也反对死临死摹。"

杨晓阳评价齐白石的"不似而似"，有这样的话："他的话不多，就是似与不似之间。这几个字已经把几千年的中国画总结完了。后几千年我认为也超不过他。你可以做

《虾蟹图》 1936 年

不同版本的解释，可本质就是这样子。太似为媚俗，不似为欺世，贵在似与不似之间，这个话就说的没有办法再说了。"

齐白石画虾最初仿学朱雪个、李复堂等。到62岁始在案头水盂养虾，悉心观察摹写虾的结构和各种动态。数年之后，始谙熟虾的行进、急缓、跳跃、打斗等情态。稍浓的墨，水分的得宜控制，虾的头胸有了甲壳的坚硬感，身子也有了透明感。68岁时，用"破墨法"，水墨未干时在头胸部的淡墨上加一笔浓墨，浓墨呈现了虾的质感，淡墨则表现出虾的透明。为突出虾的眼睛，黑点略为夸张地改为向外的横点。

到了70岁后，齐白石笔下的虾才臻至完善，但仍旧不断在用笔用墨上精益求精。同时为了突出虾的特征而加以提炼，增加了虾的短须，减少了次要部位的虾腿。经历二十年的摸索，到八十岁后，齐白石的虾才达到了炉火纯青的境地。

欧阳中石是亲眼见过齐白石画画的人。他回忆他和哲学家艾思奇谈起齐白石画虾的艺术，有这样一件趣事。欧阳中石说："艾思奇问（他的虾）为什么是透明的，我就说了，因为他用的淡墨。艾先生说，淡墨也不是透明的。我回答不上来了。他说你再好好地观察一下。我就到白石先生家去了。他墙上挂着一张虾，我就看，我发现白石先生的虾头上除了淡墨以外，

《五虾图》

有一块黑墨在那。我一看，哎呀，我怎么过去没看见呢？我很高兴，我回来我就跟艾思奇先生说，我说其中有一块黑墨。艾先生点头了，说你看到了画家的艺术。"

《群虾图》为白石老人75岁时的作品。群虾分出浓淡虚实、疏密层次、参差聚散，因而错落有致。大群中有小群，既有整个群体的动势，又有各自体态的区别，注意了虾体部分的关联与虾钳、虾须的疏密组合布局，做到了雅淡清新、生动可人。在齐白石笔下，虾这个极平凡的小动物就变成了极不平凡的画中之物。齐石白尝对人言说："余之画虾已经数变，初只略似，一变逼真，再变色分深浅，几十年方得其神。"其间苦甘，唯画家一人方知。

《群虾图》

　　"作画在似与不似之间"，这是齐白石的总结，也是他作画的方法。"似与不似"，关键在美。齐白石画松针也是这样，有些松针竟然画到两尺多长，完全是为了画意之美。

　　1945年8月15日，抗战胜利，日本无条件投降。

　　同年10月10日日军在北平受降后，好友侯且斋、董秋崖等人来齐白石家中看望报喜，老人留几人小酌，并欣喜作《七律》一首：

柴门常闭院生苔，多谢诸君慰此怀。

高士虞危缘学佛，将官识字未为非。

受降旗上日无边，贺劳樽前鼓似雷。

莫道长年亦多难，太平看到眼中来。

人物画，雅而俗，俗而雅，全然脱开民间与古意，一派自家自然洒脱风致。这年的《挖耳图》，一老者坐在竹榻上，眯右眼，右手执掏耳勺正掏耳。痒而舒服的缘故，惬意，为应和掏耳，右脚亦收回蹬

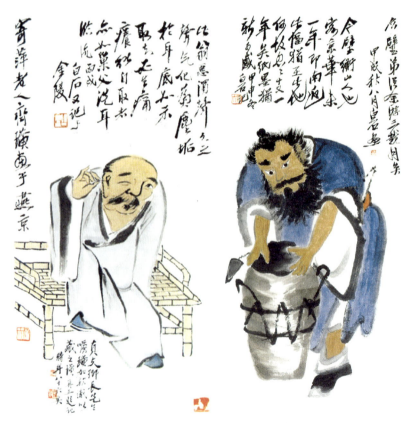

《挖耳图》 1946 年　　　　　《钟馗醉酒图》 1944 年

《毕卓盗酒图》1945 年

在竹榻的竹撑子上。设色清雅，洁净。若此画仅如此，也就不是齐白石了。在题款上，齐白石题曰"此翁恶浊声，久之声气化为尘垢于耳底。如不取去，必生痛痒。能自取者，亦如巢父洗耳临流"，将看似民间的，转而为清雅高士。在齐白石这儿，不唯人物而人物，题款不仅仅是为了平和画面，亦有点题甚或提升画面内涵的意味。

《毕卓盗酒图》亦是。"宰相归田，囊底无钱，宁肯为盗，不肯伤廉"。

齐白石恢复卖画刻印，在南纸店再次把润格挂了出去。

1947年，83岁的齐白石重订润格：

> 一尺十万。册页作一尺，不足一尺作一尺。扇面，中者十五万，大者二十万。粗虫小鸟，一只六万，红色少用五千，多用一万。刻印，石小如指不刻，一字白文六万，朱文十万，每圆加一角。

时运多舛，对于一个经历过那么多人生磨砺的老人来说，生生死死，起起伏伏，已经算不了什么。政治上的不成熟，让白石老人不可能理解这场国内战争的意义。也许，正是这种不理解，不关心，却让白石老人在隆隆的枪炮声中索性彻底安下心来，"我欲远离尘俗事，入岩求与狐狸居"。（齐白石《峭壁丛林图》题句）在艺术上作最后的完成。

第四章 —— 不负龙泉五百年

真正的大艺术家的生命，我们想看到他青春时候的多汁水的青涩才情，在砥砺磨难中，经过沉淀之后中年的光芒反射，也有老年阶段历经万事万物而豁然开朗的晴明洞悟，甚至还应该有在生命的最后反刍中体悟到的对生命和世界的最终的理解。在齐白石身上，我们有幸全看到了。

任笔所之的晚年

1956年，齐白石与吴作人等合影　　　　　《多寿图》（局部）1953年

　　大艺术家，都会在生命的最后，迸发出神奇令人叫绝甚至叫人惊骇的创造力。性情坚韧的白石老人，生命中的这最后十年，在艺术上并不是衰年，反而像彗星一样，持续地发出最后的璀璨。

　　真正的大艺术家的生命，我们想看到他青春时候的多汁水的青涩才情，在砥砺磨难中，经过沉淀之后的中年的光芒反射，也有老年阶段历经万事万物而豁然的清明洞彻，甚至还应该有在生命的最后反刍中体悟到的对生命和世界的最终的理解。在齐白石身上，我们有幸全看到了！

　　白石老人晚年写有《邻人求画蟹》一诗：

　　　　老年画法没来由，别有西风笔底秋。

这两句诗，可以作为齐白石晚年画法的脚注。

说是没来由，其实哪里没有来由呢！大艺术家自由撒开的时候，哪里会有人觉得他的自由撒开其实是谨小慎微换来的。没有那种积累，就没有那种自由。齐白石的勤奋好学始终贯穿在他的一生当中，从走上绘画道路开始，直至晚年，他创作了数万件作品，即使已经成为了举世瞩目的画坛巨匠，他依然十分清醒，时常重复着儿时养成的描红习惯。

齐良末先生回忆道：

父亲到了声望很高的晚年，很多人认为他随便抹一笔都很好。这时赞誉声很多，听不到批评。父亲却很有自知之明。一个夜晚自己和父亲睡在一张床上，当睡醒时发现父亲不见了。在画室看到父亲正趴在桌上画着什么，我说："爸爸，这么晚了，你怎么不睡觉啊？"走过去我吓了一跳。父

《花鸟四屏图》1924 年

亲正拿着笔在那认真地描着红摹子呢。这是儿童学写字的启蒙阶段。父亲说，我老了，名声在外，耳朵里都是夸奖的声音，我画的到底好不好，弄不好我自己都会搞糊涂。我应该使我的东西形神俱似。有名望的画家画东西到最后都不像这个东西了，太放开，自己收不回来。我要自己管住自己，我要有格局约束我自己，我还要描一描红摹子，使我的笔法有放也有收。描红摹子需要时间和耐力，我描红摹子的立意是想在思想上管住自己，要有个规范。

齐白石在艺术上是狂放的，但是内里的收敛，在收敛中所用的功夫，才真正是他展开灿烂的底蕴。

就齐白石的艺术贡献，杨晓阳总结道："简单地讲，他是划时代的一个大画家，一代大师。他的贡献是方方面面的，比如说从画面来看，取材方面，他已经突破了当时陈陈相因，都画才子佳人，都画风花雪月的单调的。尤其是以四王为代表，对历代的技法采取归纳法，他突破了这样的一种格局。他画了很多东西是从古到今没有画过的，这是他的取材。从表现方面来讲，他的构图是前无古人，后无来者，没有人在绘画的画面布局结构方面如此巧妙。实际上他的画有抽象因素的研究，（虽然）他没有这个概念。另

《牵牛花》

外从用水、用墨、用笔方面他有很多独到的独特的一些诀窍，只有这一个题材能用的这个技法。比如说画虾，画虾的半透明的质感，就是他能画得到。这些诀窍后来用起来很方便，但是谁创造的，那就是齐白石了。当然最后总体形成的一种清新放浪的一种境界。"

欧阳中石也说："他谈的话，我虽然不大很懂，但是我觉得哪句话都有分量。我感受齐白石先生的这位大画家，不只是画，应该说他的思想、他的境界是非常了不起的。我想举一个例子。老先生画过一个莲蓬，斜着上去的莲蓬。然后呢，老先生又画一个在水里面的倒影。这个倒影呢，倒的和现实的倒影不完全一样。他画一个莲蓬，倒影应当是这样，他却不是这样。下边水里，莲蓬不是很像，但是它那个生活的状况栩栩如生，莲蓬的倒影在水里面也好像在那波动，了不起。苦禅先生亲自跟我讲过，老师这张画太了不起了。这就能看出这位画家在他的思想境界中，他用艺术的抽象把现实反映在了画面上，加上了他的思想。所以我深刻地感觉到，一个画家的思想是从实际中来，但是他经过了艺术加工又回去的时候，不一定是原来的样子。这一点让我感受极深。"

可是这样一个人的生活，却是多么简

《寿酒》1942 年

《菊花螃蟹》1952 年

《蚂蚱萱草》 1955 年

《豆荚天牛》

《梨花蝴蝶》

单。谈起日常生活里的齐白石，齐白石的孙女齐秉正说："我印象里我的爷爷他就是个普通人，没有什么特殊。他穿的也和普通老人一样。他喜欢那个布的长衫，就咱们所谓的大褂，就这边一边系扣的那种大褂。夏天的时候，他也穿。就像咱们看外边卖西瓜的，卖西瓜的那个人那前后两片，中间一个扣，然后这两边的地方都是那个开开的那样的衣服。就是它透气啊，透气性好，夏天的时候穿这样的。有重要的事情的时候，他就会穿的比较好一点，缎子啊、绸子的啊。没有事情在家里边反正就这样。作画的时候呢，他有一个罩着身体的，咱们说的那个围裙一样，就一套，就穿上了。"

齐白石的饮食，齐秉正有这样一段话："他平常，说句实话，就是三顿饭。他平常中间都不吃点心，就是早中晚三顿饭，而且吃的也很清淡。里边有什么啊，我记得有苋菜。到一定季节里那个苋菜，尤其紫根的那个苋菜，他很喜欢吃。还有什么啊，丝瓜、苦瓜，这都是喜欢吃的。肉呢，他也喜欢吃。但是湖南的那种腊肉，后来吃不动了。还有腊味合蒸、腊鱼、腊鸡这些东西，他也喜欢吃。湖南的那种，还有什么豆豉、辣椒，这是少不了的。这是他家乡的菜。早晨起来几乎永远是煮挂面，他没有烦过，挂面里面有鸡汤就是很奢侈的事。"

这样一个人，在生活中很少个人的乐趣。除了偶然听听京剧，再就是偶尔会做一种吃食，炸薯条。也许就是家中偶然无人做饭，也许是胡宝珠去世之后，他自己无奈中学会的吧。齐良末回忆老人道："就是春节、八月节什么的炸薯条。白薯一根根切成条，然后和上面。拿一个铁勺子，然后搁那个油锅里头炸，好像螃蟹一样。每年好像都做一次这个。他晚年就让大家伙做，他就看着，看大家伙做了吃，他挺高兴的。"

"田园乱后未全芜"（齐白石《题白石草堂图》）。战后相对安静的生活，再一次近乎避世的生活，也让白石老人有暇补写了前次避世时期未完成的工笔草虫册上的写意花卉，如《雁来红》《蝴蝶兰》《螳螂》《墨竹蝗虫》。这些册页，早已经画好了的工写虫草，和老人晚年愈加自如的风格简洁的写意融汇在一起，一工一写，一静一动，一收敛一奔放，显现了老人炉火纯青的工写合一的艺术。

我们也许可以试想一下白石老人如何补写《雁来红》（花卉草虫册页之五）：

老人睡得极好，起来，打开窗子，空气新鲜得叫老人鼻息一紧。案子上有南纸店的单子，老人扫一眼，又是什么什么，老人没兴趣。老人抿口茶，又立到案子前，想起昨夜似乎梦见什么。梦见了什么？好像是红红的叶子，嫣红的，朱红色里调了西洋红的，红润可爱，比花儿都可爱。

什么时候，见过这雁来红呢？岁月依稀，已然记不得了。可是

《雁来红》约1948年

那红，那染了红的紫，想着想着，怎么就暖了起来，嫣红红的。也煞是有点艳，却不扎眼。老人喜欢这红色，这红色称为老人红也许是合适的。人老了，于娇嫩的颜色，会格外喜欢。于年轻的女子，有时候会格外看顾。

白石老人，除了早期画过仕女，后来的很多年，几乎放弃了。花卉，也许可以称为老人笔底幻化了的女子。

老人找出前几年画的工写的天牛，放在案上。在碟子里，浓浓地调好了红色。那红色看着真好，即便是不画，看着那浓艳的红色也是喜欢的。没有色彩使用经验的人不会这样感觉，尤其是用笔蘸了红颜色，在白皙绵软的宣纸上，提着笔锋写过去，宣纸上，瞬间出现的那些红，浸透，浮现，不仅心理，甚至会有生理上的愉悦。

老人将用墨之法，放在了用色上。按照画面留下的空白，从画面右边五分之三处，向左横着探出一枝，调了水的嫣红，又迅疾写出淡淡若含着水的叶子。枝条开初几片，应是老叶。老叶之枯涩，不宜展开，叶子侧写即是。枝条前端，是后生的叶子，在前，更是嫩叶，愈前，则稍稍淡。花叶写完，以极其浓的红色，近乎焦墨般使用，勾出叶筋。也有花叶未尽意的，直接以勾筋弥补。花叶的"活"，在于叶子的用墨用水的活，更在于勾筋的"活"。

红色的花叶，如此的深色，即便加上若焦墨似的勾筋，却也是飘忽，无所依的。墨，真是奇怪的色。红黑两色的奥妙，水墨画家怎么会知道得那么深。

画面左上，是老人早就画好了的一只墨黑的天牛。水墨画的空间，是奇怪的。此天牛不在地，亦不在天，只是"在"，"在"与红色花叶某一个相较力也相吸引的位置。

那只天牛，是用极其浓的墨，极细的笔画的。天牛的背部，近乎干涩的墨，叫人能感知到硬硬涩涩的感觉。天牛的背上，有极其细的有层次的纹理。天牛的爪子，因焦墨，一笔过去，爪子上的毛茸茸纤

《蟋蟀蝴蝶扇》

《稻穗螳螂》 约1948年

毫毕现。小时候抓过这天牛，天牛挣扎，爪子上的细密倒刺，在手指
上刺喇喇的。天牛的须，觉得正动着呢。小嘴，湿的。天牛挣扎的时
候，也会用很小的嘴咬人的手指，一点儿也不疼，那嘴太娇小了，只
不过能觉到过那一点点小嘴的湿润。

　　天牛的逼真，并不是全然为了逼真，实在是要那小小的精细，
挟着壳的硬，爪子的茸刺，直接刺入雁来红的虚之"红"。

　　墨色的天牛，孤零，却有墨色的白石落款陪着。陪着，就好像是
有几只天牛了。几只，相互静静相伴着。陪着，就好了。

　　白石的落款，墨色，落寞，也有点孤单。再钤一"萍翁"小印，

正红的印，将好。

如果说齐白石的工细草虫还带有民间艺人炫耀技艺的因素，不似之似的粗笔写意是齐白石文人画胸臆的表现，那么，他将这本来不大调和的两者放在同一幅画中出现（宋人的工笔草虫全然是工写的，而一般画家的草虫，花草是小写意，草虫也只是稍稍细致而已），不仅出现了一种对比上的美感，一种他自家的独有创造，也呈现了他民间艺人和文人画家双重性格的结合。

写意花鸟是白石老人晚年艺术最后发力的重点。齐白石五十四岁之后定居北京，但是家乡的山水田野始终是他绘画的魂牵梦萦之地。艺术批评家郎绍君说："他晚年一个最重要的创作动机和心理活动就是怀念家乡，然后就把家乡和以前年轻的时候，小时候，那家乡的山山水水、花花鸟鸟想象得无比美好，画得非常可爱。"

1948 年，白石老人画的《蛙戏图》，笔墨简练，精气十足，并不逊色于前十年，甚至更有超越处。青蛙的身子已经总结提炼到仅用四笔。青蛙的头部和背部左右各两笔，就完整地显现出青蛙的头部和背部的骨骼结构。笔墨的水分控制也十分精妙，几笔浓墨之下，除了表现了湿润的蛙皮，甚至能叫人感受到蛙皮裹着的背部骨骼的凹凸和脆薄骨头富有弹性的质感。爪子的用墨，可以叫人感到爪子的柔软，爪子的湿润甚至微凉黏湿的温度。

另一幅《青蛙剪刀草》，纸的背面，老人用柳炭写"上上神品"，可惜，一直不能确定是哪一幅。这一幅是不是呢？不知道。

老人晚年最为人称道的画是 1951 年为老舍命题画《蛙声十里出山泉》。

老人不画青蛙，而是巧妙地画一流淌的山泉，泉水清冷，里面游着不多几只活泼的蝌蚪。因蝌蚪而叫人联想，在山泉上面一定有青

《蛙声十里出山泉》1951 年

蛙。有青蛙，自然会有蛙鸣。不画而画，也有如诗歌的不写而写，留下了给人的想象。想象的蛙鸣，才是更为迷人的。

这幅画，为了"十里"山泉，白石老人将画面置于纵向的狭长构图中，用浓墨显现了山泉的幽深。

蝌蚪的活泼形态也是经过认真观察的，可以看出蝌蚪的尾巴摆动是与波动的水流融汇一致的，甚至其中蝌蚪尾巴在水流里的逆动，老人也精心地表现了出来。

画的落款钤印，也极其用心。老人一定是未雨绸缪，早就想好了。为了避免题款、钤印与画面的冲突，白石老人巧妙地将落款和印隐藏在一侧的山石里。书法犹如山石的肌理一般，自然协调；而朱红的钤印则给全然水墨的画面悄然带来了一丝暖意——青蛙排卵了，春天来了。

1951 年，画家的《墨蟹》，人看了会惊讶，白石老人笔下的蟹爪一笔过去，竟然能同时表现出蟹爪壳的脆与韧的感觉，甚至同时能表现出有如活生生的蟹爪的关节。笔墨

《群蛙蝌蚪》约1947年

《青蛙剪刀草》1947 年

到此，只能叫人叹服。

记者采访齐秉正的时候，她专门说到白石老人的画蟹。

齐秉正说："（老人）不断地观察，不断地总结。你看他画什么都是这样。画螃蟹，开始的时候是画六笔。上边那壳画六笔。六笔，后来再减，画了三笔，但是仍然很好。就是说，他不是说我就永远是这一个套路，不是，他在不断地变化。而且这一个螃蟹的壳和其他的壳，还有正面的壳，反面的，还有就是这是公螃蟹、母螃蟹，都不一样。他都要把它表现得很好。"

白石老人在绘画上，总是殚精竭虑，试图找到自己的独特表现。老人的一幅《荷花》就是这样。荷花的倒影，水里的蝌蚪是不可能看见的，只有从岸上的视觉角度才能看见。可是齐白石不会给这些所谓的"写实"限制住，直接画了一群追逐荷花倒影的可爱嬉戏着的蝌蚪。含着湖水的荷花倒影，格外娇艳，好像湖水已经染上了嫩红那样，而一群黑色的蝌蚪围着，抖动着好玩的小尾巴，这样的画面，梦幻一样。这已经不是所谓的"不似而似"和"破形传神"，而全然是老人的近乎第六感的神来之笔。

晚年的齐白石依旧那么迷恋这个世界上的一切。已经 90 岁的齐白石，开始认真观察鸽子，为了世界和平大会的召开和抗美援朝，画了《百花与和平鸽》和《和平鸽》，并在《和平鸽》上题写"愿世界人都如此鸟"。

齐秉正曾说起这段齐白石养鸽子观察鸽子画鸽子的往事："我觉得我爷爷他了不起啊，他不是瞎来的。他不是说我想或者到别人那抄一个这个鸽子是什么样。他不是，他是仔细把那鸽子的翎，就是那个翅膀啊，外层的，外边这个飞羽，中间的中羽，和里边的那个羽，都给它看了。每层羽是多少根，那翎是多少根，他都数的清清楚楚。尾巴那个尾羽是多少根，也数的清清楚楚。这些东西都烂熟于心，所以他在画的时候，他不会出错，都在心里边了，只不过是怎么去把它表现好。"

弟子胡橐（胡佩衡之子）曾拿毕加索画的鸽子给白石老人看。老人说："他画鸽子飞时要画出翅膀的振动。我画鸽子飞时，画翅膀不振动，但要在不振动里看出振动来。"

白石老人画鸽子，以线条和没骨法杂糅，在画羽毛尤其是腹部羽毛的时候，同时显现出腹部羽毛下面结实的肌肉。让人感觉似乎老人手中的毛笔直接透过到鸽子的羽毛，而又透过羽毛感觉到了鸽子温热的肌体。水墨的羽毛，也画得清晰而洁净，一笔笔过去，连绵一片，却一片片都是清晰的。

《和平鸽》1954 年

不画翅膀的振动，是静中寓动，白石老人已经不仅是画画了，而且已经在静中悟到了自然的律动。

白石老人自然是不懂也不关心政治的，可是他却跟这个新建立起来的国家有着那么密切的关系。欧阳中石专门谈到齐白石 1949 年后因政治缘由画的几幅画，比如《万年青》。他说："有一年老先生画了一张画，画了万年青。这张画流传在社会上。当时我没有想出为什么画万年青，我也想不出他为什么画成这样子，我完全不知道。我的朋友也说，哎呀，没想到这样画，不理解。当时我也好像不理解。一会儿我到老先生家，老先生问我，你看到过我画的，发表那张画吗？我说看到了。你有什么想法？我说太好了。他摇摇头。我不知道他摇头什么意思，我不敢出声，就盯住他，看他如何解说这个摇头。一会儿他说了，可能有人不理解。我一想，别人给你说了？没有吧，不会有人跑那说老先生这张画画得不好，不会有这个问题的。可是我心里也明白，社会上确实有人在议论。到我临走的时候，他叫住我。这个话真有分量。他说为了纪念党，我不画，我不祝贺，合适吗？我怎么祝贺？我一听明白了。他画的万年青啊，是在祝贺党的生日。（齐白石）又很慢说了一句，你想一想看，我要不画的这么粗壮的话，合适吗？"

毋庸置疑的是，齐白石的声誉随着新中国的建立，达到了他一生中的顶峰。齐白石的绘画艺术，自有其卓绝人所不能及之处，但是我们无可否认的是，也有特殊的政治背景因素的推波助澜。杨晓阳在

《万年青》1955 年

谈到这个问题的时候说："他最终的成就和新中国当时在世界范围内需要树立自己方方面面的形象是吻合的。在新中国树立整体国家形象的时候，齐白石作为一个文化的代表，作为艺术代表代表了中国。"

齐白石晚年的生活，也有一段特殊的感情。胡宝珠去世之后，一位护士照顾老人的生活。齐良末回忆："是叫做夏文珠，做我父亲的护士。夏文珠的话，在这儿工作了多年，那是我母亲去世以后，夏文珠在这儿，她为人的话

《祖国颂》 1954 年　　　　　　　《蝴蝶兰》

呢，挺温婉，很好，她又能写字，写一手漂亮的字。脑子也灵，能计算很多很多的事情。比如哪天有什么事，她都记录的很清楚，所以我父亲觉得好像得了个左右手，离不开似的。这样我父亲就很多事都依赖她，她做了很多，像助手一样。后来我哥哥不喜欢她。因为什么？我

《折枝花卉卷》1954 年

哥哥觉得好像她要跟我爸爸这么好了，将来弄不好，我们这家都没我们的份儿了。我哥哥就想办法给她轰走了。轰出去之后，我爸爸找人找不着那么合适的，又去找她。这样的来来回回在我们家，六次进府，七次轰出。最后的时候，那个夏文珠呢，一看我父亲弄什么，她说干脆，他儿子又这样，我也别让他们为难了，干脆我结婚吧。她很快找了个叫谢子进的人结婚了。结婚之后，夏文珠说我没法去照顾你了，老先生你自己再找人吧。我父亲当时呢，说难得用这么一个好的人，用了还挺不容易的。我父亲本身也挺有感情的，跟她在这儿住了这么多年，肯定也有感情。我父亲很重感情的。后来我父亲就叫我，我这个小儿子，认她做我的干娘吧。就让我在庆林春饭店，是个大饭店，给她磕头，叫她妈。后来夏文珠可能是没房子，没地住吧，托我想办法，我找到廖静文，就是徐悲鸿的夫人。廖静文在大羊毛胡同 13号给夏文珠找了一套房子。以后我每年都去看她，那毕竟是干妈呢。有时候冬天要去给她安炉子什么的，她老了。"

晚年，齐白石偶尔也会"老夫聊发少年狂"。92 岁时，精神矍铄的齐白石为东北博物馆破例作《折枝花卉卷》。齐白石一生极少作折枝花卉长卷。我们很难想象，一位 92 岁的老人竟能一气呵成画就四米长卷花卉。画面上藤萝、荷花、梅花、菊花、芙蓉勾连蜿

蜓，墨韵色彩，各具风韵，又相辅相成。用色虽只是两色，也俨然叫人感觉到千娇百媚，万紫千红。

　　晚年，白石老人偶尔还会画一两幅有八大山人风致的画。《与语如兰》即是，隐约有八大山人的某些味道，但是没有冷逸，只有清丽。兰花鲜嫩，隐隐透过插着兰花的广口的玻璃杯，甚至可以嗅到兰花的若有若无的馨香。画这些画，白石老人不过是兴之所至，信手拈来，回味一下曾经留恋的过往岁月而已。跟《雁来红》的浓郁相比，白石老人也需要一杯清茶那样，用淡墨画一下《与语如兰》。要画了这样的画，才心手俱香的。

　　《白项乌鸦图》则极具现世生活气息。依旧的

《荷花蜻蜓》

《耕牛图》1952 年

立轴形式，一只白颈乌鸦跳在一只大梨上，正俯身琢磨如何下喙吃梨。与以往的许多立轴相比，这幅画的乌鸦横贯了整个画面，左右完全挤满。只是在画面的上部留出较大的空白。乌鸦的形色，从八大山人那里脱胎而来，但是画面给挤紧，有意识地减少空白，其实是在减少画面的空寂之感。乌鸦也有意画

的壮硕，与八大山人的清癯区别开来。整个画面虽然是冷色，但是给人的感觉是温暖活泼的。

白石老人偶尔也会画人物。92 岁那年画的《耕牛图》即是。牛和农人的笔墨更加洗练，神气尽见。

绝　唱

1957 年，是白石老人在世的最后一年了。

老人只要身体稍稍允许，就作画不辍，笔墨更加洒脱无羁，近乎无法无天而又不失法度。《胡萝卜豆荚》一幅即是。93 岁的老人，已经真的勘破幻象，于形无所忌惮，达到了老子"恍兮惚兮"的境界，却又不失其形神。这幅图，极其洒脱，形与色也都似是而非，似非而似。所谓"破形传神"，所谓得"大意"，并非全关才能，也得天假以年，才能率性之下"随心所欲不逾矩"。这个时候，"心神"兼备，有如天眼洞开，事物之兴衰巨细，一目了然。

93 岁，会厌恶多余的颜色么？也许。这年龄已经于最简单几种颜色里，看到了一切色。白石老人此时用墨与色，多不过两种。另一幅《葫芦》，只是墨与藤黄。此一幅《胡萝卜豆荚》，只用墨和稍调了的朱红。萝卜叶子上的花青，淡到不用心几乎不能辨识。

五只胡萝卜，先写交集在一处的四只。两只，在画面正中横陈，

1955 年，齐白石在京华

《草虫》（局部）

《胡萝卜豆荚》1957 年

《牡丹》1957 年

调极浓的红，似乎只是色与纸的关系，并不关胡萝卜。至胡萝卜的尾巴，色浓如焦墨。下面两只，若有水汩汩渗入嫣红的胡萝卜，以手指触动，可以觉出灵灵的水就含在胡萝卜里，可以口感咔嚓汁水脆爽那样。

紧挨着的是几根豆荚，老人已经不管色了，简直用浓墨写。豆荚老矣，裂开的两片，豆子凸凸毕现。黑与红，似乎时间是黑的，线形的，一粒一粒的，而标示在胡萝卜构织的红色空间里。真的，老人写豆荚的时候，会想到这个么？自然是不会。老人那时候一气呵成，似乎天地之间，只一人在。

画完这些，空间太局促了。老人构图时自然早就想到了，先拘紧了，再撒开。在交集的胡萝卜和豆荚之上，另写一只胡萝卜。比之那四只胡萝卜，这一只另在，与这边独而合，合而独。似乎是一位主妇早上买了胡萝卜和豆荚，一一搁在厨房的案子上，井里汲了水回来，欲收拾篮子，忽然发现，还遗漏了一只，顺手拎出来，放在那儿般自然。

此幅画的落款，题在画面边上胡萝卜和豆荚交集处，相接甚紧。

"九十七岁"四个字，跟胡萝卜浓墨如字的樱子勾连在一起。所谓张力，即是如此。此一处的紧张，让别处豁然开朗。而单独的那一只胡萝卜，是那么安闲。

白石二字，略靠下，似老人累了，要安然歇歇。所谓"神游八荒""神守一处"，老人此时即是。

这年，白石老人亦多画《葫芦》。相比之于《胡萝卜豆荚》，《葫芦》是有些静谧的。葫芦鲜黄，保持了大致的形状。起到支架作用的竹竿，亦然。而葫芦叶子则老墨纵横，犹如泼墨，而又"破形传神"。葫芦的须蔓，则用焦墨，以铁线银钩的笔力，虬曲宛转，近乎狂草般恣意妄为，而不失法度。葫芦和叶片的沉实，给劲健恣肆的须蔓，野风缭绕一般。

这一年，白石老人还画了《牡丹》。《牡丹》有如绝唱，叫人想起罗丹的雕塑的《巴尔扎克》。此件作品，其形"惚兮恍兮"，与罗丹雕塑的大作家巴尔扎克直若失神，眼眸不知所向，而浑然间与世人独独相对，亦独独"相忘于江湖"有极其相仿之处。

《牡丹》无所谓花叶，花非花，叶非叶，却叶叶关花，花花关叶。与老人山水的静相对，老人最后这几年的花卉，是全然反了过来，是动的。也许是生命的最后，最后的那些力量，要冬日江河最后结冰之前那样，水浪因寒冷渐趋"黏滞"，而最后那些力量，还要竭尽了全力，一而再再而三，最后滔天涌动一下的。

齐秉正谈到老人晚年的绘画的时候说："他不是在画，而是灵魂在画。你看那个画牡丹，最后那幅牡丹没有梗，上边一朵花，底下全都是叶子，但是你觉得叶子非常非常茂盛。所以我觉得啊，真的是用自己的灵魂在画了。"

尾 声

　　齐良末还记得白石老人最后的日子。1957 年的春天，93 岁的齐白石，日见衰微："父亲渐渐就不行了。不行了就糊里糊涂过日子，每天也就是能吃一口是一口那样。曾经请了大夫，就是我们家家门口，跨车胡同有个刘大夫。他跟我爸爸关系还不错，来看我爸爸，可是人家不敢下药了，因为九十多岁了。所以最后渐渐渐渐就老了，就不行了。"

　　从 1957 年到现在，多少世事沉浮。可是白石老人的画，越来越受到人们的喜爱。对别的画家的画，人们是喜欢，可是对白石老人的画，人们是喜爱。这两个词的差异，有时候竟然是那么大。每每看到老人的画，就会觉得那纸上的水墨"元气淋漓章犹湿"，还没有干了那样。似乎触摸一下，那些湿润的墨就会淡淡染在手指上。也许，真的没有第二个人，会像白石老人那样越画越好，越画越叫人亲近；越来越怜惜这世上的一切，珍惜青蛙和小老鼠，珍惜那些百姓寻常食用的白菜、萝卜、辣椒和茄子。在另一种意义上说，老人真的是寻常的，是百姓一样的人。

　　老人真的就寻常到像是那些经常在菜市场买菜的老人。我们甚至可以想见老人在菜市场亲眼看见那些鲜嫩的寻常菜蔬时候的那种由衷的喜悦。那种喜悦，只有一直能葆有童心的人才能幸福拥有。

　　对这种童心，刘曦林谈道："他画两只小鸡争食一条蚯蚓，题作《他日相呼》。这就是孩子。两个小孩今天打架，争一个苞谷，争一个桃子，明天就好了。小孩打架还不这样吗？还不知道不与人争食这个哲学，长大了就知道了，他在教育孩子。这是民间的天趣。他日相呼，第二天咱俩就好了。"

刘曦林还就齐白石的一幅画，谈到齐白石画里面的人性。他说："他有一张《苍蝇》，画一只大苍蝇。画只有这么大，棉纸片大小，题了两遍题跋。大体意思是说某年某月某日，余自北京回湖南省亲，室内有一蝇，将欲化矣，特为此留言。多么有人情味。第二段话说什么啊？余昔日见蝇必杀之，此蝇不扰人也。改日又记。两段题跋，小小一张《苍蝇》，充满了人性关怀，生命关怀。我也是个老人，苍蝇也是个老苍蝇，垂垂老矣将欲化矣，为它画个像，无疑是我为我自己画个像而已。我过去见到苍蝇一定要杀的，今天不杀它，这个人情关怀，来自他对大自然的关怀。"

真的，白石老人越年迈，似乎就越是爱怜这样的寻常的小生命。那些惹人爱怜的小动物是小生命，那些菜蔬又何尝不是小生命呢？能够真正感受到这些小动物和菜蔬的温暖的人，才能画得那么好！那些山水，太大，太浩渺了，也只有这些可以把握在心上手上的小动物和菜蔬，那些嫣红的萝卜、辣椒，青白的白菜，紫色的茄子，黄色的葫芦，才让老人觉得暖心安心。于最小的生命，感受万物的生生不息和宇宙大道，这是白石老人的妙悟。

要是能真的看见老人画画，该有多好。那只布满了老年斑的温热的手，借着蘸满了墨与色的笔在纸上抚过，所到之处，有着湿漉漉泥土气息的菜蔬就一一显现了。叶子上还有小虫，那种淡绿的胖乎乎的还在贪婪吃着菜叶的小虫，老人只是把那小虫轻轻地用笔杆拨在一边，似乎在说，还馋哪，看都吃成什么样了。

老人的画案上，真的放着青菜，菜根还沾着星点的新鲜黄泥呢。

有这些，老人的世界就够了。要是再能有一个园子，满地湿润，青草依依，空气新鲜，老人就更喜悦满足了。

有这些，我们也就够了。

晚年的川端康成写过《临终的眼》，可是，他的爱怜是有些哀怜的。他从来就没有真正的喜悦。他的爱，也是过于洁净的，洁净到没有人的欲望，人的气味。他的世界，我们只是看看，就轻轻地绕过去吧。别惊扰了他，他独有的哀怜，要宁静着，他才能安息的。

陶渊明曰："既自以心为形役，奚惆怅而独悲。"其实独辟蹊径的艺术家，都是如此。敏感甚或脆弱的人，于一丝风一缕色，心旌摇荡，情不自禁的人，即是"独悲"之人。寺里看撞钟的人何其多，能于钟声袅袅里咂味人世的人，何其少。惆怅，自惆怅，独悲，自独悲，也不过是那样。还是随心而已吧，心欲为役，都是甘心的。甘心的，还说些什么呢？

齐良末也说老人真的是寂寞的："我父亲一天真的很寂寞。你说他有什么啊？除了画画，还有就是躺在躺椅上在那做诗，闭着眼睛在那做诗，没别的。他除了做诗就是画画，他这一生都是这些东西。"

而白石老人对万物的爱是喜悦的。在老人这儿，我们看不到悲悯，只有喜悦。这也是他跟所有文人画家所不同的地方。民间画家的根须，经由文人画的土壤滋润再次生长出来，带着真正的大地湿润肥沃泥土的生长，那生命才是真正茁壮的。

对齐白石的评价，也许还可以借用日本表现主义画派领袖、西山禅林寺画僧、已故大画家岩崎巴人对齐白石的一段评价：

属于云外高峰的齐白石氏，时至今日已毋庸讳言为20世纪最高层次的大画家。现代的人，几乎皆有疵病为人指摘。而如齐白石氏那样，其绘画有如太阳能之完全燃烧无残迹……能达到这种炉火纯青地步的绘画，是微乎其微的。有人说佛教是精神上的政治学，阿弥陀佛是医学大王，而在能够表现出健康明朗、轻松愉快、舒展艳丽的华严世界的艺术中，可以说只有齐白石氏一人吧！

断续写完这些文字，已经从春天到夏天了。白石老人在京城湖南公墓的安歇之地，现在也应该是绿树浓荫了。

白石老人，好好安歇吧。

参考书目

◎ 林浩基：《齐白石》，中国青年出版社，1987年。

◎ 齐良迟编选：《齐白石文集》，商务印书馆，2005年。

◎ 《齐白石画集》（上、下），人民美术出版社，2003年。

◎ 何楚熊著：《中国画研究》，中国社会科学出版社，1996年。

◎ 张次溪著：《齐白石的一生》，人民美术出版社，2006年。

◎ 徐改著：《齐白石》，河北教育出版社，2000年。

◎ 《齐白石诗集》，漓江出版社，2010年。

◎ 王伯敏著：《中国绘画史》（修订版），文化艺术出版社，2009年。

◎ 俞剑华著：《中国画论选读》，江苏文艺出版社，2007年。